# 心一堂術數珍本古籍叢刊

書名：八刻分經定數（密碼表）
系列：心一堂術數古籍珍本叢刊　星命類　第一輯　22
作者：題【宋】邵雍
主編、責任編輯：陳劍聰
心一堂術數古籍珍本叢刊編校小組：陳劍聰　素聞　梁松盛　鄒偉才　虛白盧主

出版：心一堂有限公司
通訊地址：香港九龍旺角彌敦道六一〇號荷李活商業中心十八樓〇五－〇六室
深港讀者服務中心：中國深圳市羅湖區立新路六號羅湖商業大廈負一層〇〇八室
電話號碼：(852)67150840
網址：publish.sunyata.cc
電郵：sunyatabook@gmail.com
網店：http://book.sunyata.cc
淘寶店地址：https://shop210782774.taobao.com
微店地址：https://weidian.com/s/1212826297
臉書：https://www.facebook.com/sunyatabook
讀者論壇：http://bbs.sunyata.cc/

版次：二零一五年一月初版
平裝

港幣　一百九十八元正
定價：人民幣　一百九十八元正
新台幣　七百九十八元正

國際書號：ISBN 978-988-8266-86-9



香港發行：香港聯合書刊物流有限公司
地址：香港新界大埔汀麗路36號中華商務印刷大廈3樓
電話號碼：(852)2150-2100
傳真號碼：(852)2407-3062
電郵：info@suplogistics.com.hk

台灣發行：秀威資訊科技股份有限公司
地址：台灣台北市內湖區瑞光路七十六巷六十五號一樓
電話號碼：+886-2-2796-3638
傳真號碼：+886-2-2796-1377
網絡書店：www.bodbooks.com.tw
台灣國家書店讀者服務中心：
地址：台灣台北市中山區松江路二〇九號一樓
電話號碼：+886-2-2518-0207
傳真號碼：+886-2-2518-0778
網絡書店：http://www.govbooks.com.tw

中國大陸發行　零售：深圳心一堂文化傳播有限公司
深圳地址：深圳市羅湖區立新路六號羅湖商業大廈負一層〇〇八室
電話號碼：(86)0755-82224934

心一堂微店二維碼

心一堂淘寶店二維碼

# 心一堂術數古籍 珍本 整理 叢刊 總序

## 術數定義

術數，大概可謂以「推算（推演）、預測人（個人、群體、國家等）、事、物、自然現象、時間、空間方位等規律及氣數，並或通過種種『方術』，從而達致趨吉避凶或某種特定目的」之知識體系和方法。

## 術數類別

我國術數的內容類別，歷代不盡相同，例如《漢書・藝文志》中載，漢代術數有六類：天文、曆譜、五行、蓍龜、雜占、形法。至清代《四庫全書》，術數類則有：數學、占候、相宅相墓、占卜、命書、相書、陰陽五行、雜技術等，其他如《後漢書・方術部》、《藝文類聚・方術部》、《太平御覽・方術部》等，對於術數的分類，皆有差異。古代多把天文、曆譜、及部分數學均歸入術數類，而民間流行亦視傳統醫學作為術數的一環；此外，有些術數與宗教中的方術亦往往難以分開。現代民間則常將各種術數歸納為五大類別：命、卜、相、醫、山，通稱「五術」。

本叢刊在《四庫全書》的分類基礎上，將術數分為九大類別：占筮、星命、相術、堪輿、選擇、三式、讖諱、理數（陰陽五行）、雜術（其他）。而未收天文、曆譜、算術、宗教方術、醫學。

## 術數思想與發展——從術到學，乃至合道

我國術數是由上古的占星、卜筮、形法等術發展下來的。其中卜筮之術，是歷經夏商周三代而通過「龜卜、蓍筮」得出卜（筮）辭的一種預測（吉凶成敗）術，之後歸納並結集成書，此即現傳之《易

經》。經過春秋戰國至秦漢之際，受到當時諸子百家的影響、儒家的推崇，遂有《易傳》等的出現，原本是卜筮術書的《易經》，被提升及解讀成有包涵「天地之道（理）」之學。因此，《易・繫辭傳》曰：「易與天地準，故能彌綸天地之道。」

漢代以後，易學中的陰陽學說，與五行、九宮、干支、氣運、災變、律曆、卦氣、讖緯、天人感應說等相結合，形成易學中象數系統。而其他原與《易經》本來沒有關係的術數，如占星、形法、選擇，亦漸漸以易理（象數學說）為依歸。《四庫全書・易類小序》云：「術數之興，多在秦漢以後。要其旨，不出乎陰陽五行，生尅制化。實皆《易》之支派，傅以雜說耳。」至此，術數可謂已由「術」發展成「學」。

及至宋代，術數理論與理學中的河圖洛書、太極圖、邵雍先天之學及皇極經世等學說給合，通過術數以演繹理學中「天地中有一太極，萬物中各有一太極」（《朱子語類》）的思想。術數理論不單已發展至十分成熟，而且也從其學理中衍生一些新的方法或理論，如《梅花易數》、《河洛理數》等。

在傳統上，術數功能往往不止於僅僅作為趨吉避凶的方術，及「能彌綸天地之道」的學問，亦有其「修心養性」的功能，「與道合一」（修道）的內涵。《素問・上古天真論》：「上古之人，其知道者，法於陰陽，和於術數。」數之意義，不單是外在的算數、歷數、氣數，而是與理學中同等的「道」、「理」--心性的功能，北宋理氣家邵雍對此多有發揮：「聖人之心，是亦數也」、「萬化萬事生乎心」、「心為太極」。《觀物外篇》：「先天之學，心法也。……蓋天地萬物之理，盡在其中矣，心一而不分，則能應萬物。」反過來說，宋代的術數理論，受到當時理學、佛道及宋易影響，認為心性本質上是等同天地之太極。天地萬物氣數規律，能通過內觀自心而有所感知，即是內心也已具備有術數的推演及預測、感知能力；相傳是邵雍所創之《梅花易數》，便是在這樣的背景下誕生。

《易・文言傳》已有「積善之家，必有餘慶；積不善之家，必有餘殃」之說，至漢代流行的災變說及讖緯說，我國數千年來都認為天災，異常天象（自然現象），皆與一國或一地的施政者失德有關；下至家族、個人之盛衰，也都與一族一人之德行修養有關。因此，我國術數中除了吉凶盛衰理數之外，人心的德行修養，也是趨吉避凶的一個關鍵因素。

## 術數與宗教、修道

在這種思想之下，我國術數不單只是附屬於巫術或宗教行為的方術，又往往是一種宗教的修煉手段——通過術數，以知陰陽，乃至合陰陽（道）。「其知道者，法於陰陽，和於術數。」例如，「奇門遁甲」術中，即分為「術奇門」與「法奇門」兩大類。「法奇門」中有大量道教中符籙、手印、存想、內煉的內容，是道教內丹外法的一種重要外法修煉體系。甚至在雷法一系的修煉上，亦大量應用了術數內容。此外，相術、堪輿術中也有修煉望氣（氣的形狀、顏色）的方法；堪輿家除了選擇陰陽宅之吉凶外，也有道教中選擇適合修道環境（法、財、侶、地中的地）的方法，以至通過堪輿術觀察天地山川陰陽之氣，亦成為領悟陰陽金丹大道的一途。

## 易學體系以外的術數與的少數民族的術數

我國術數中，也有不用或不全用易理作為其理論依據的，如揚雄的《太玄》、司馬光的《潛虛》。也有一些占卜法、雜術不屬於《易經》系統，不過對後世影響較少而已。

外來宗教及少數民族中也有不少雖受漢文化影響（如陰陽、五行、二十八宿等學說。）但仍自成系統的術數，如古代的西夏、突厥、吐魯番等占卜及星占術，藏族中有多種藏傳佛教占卜術、苯教占卜術、擇吉術、推命術、相術等；北方少數民族有薩滿教占卜術；不少少數民族如水族、白族、布朗族、佤族、彝族、苗族等，皆有占雞（卦）草卜、雞蛋卜等術，納西族的占星術、占卜術，彝族畢摩的推命術、占卜術……等等，都是屬於《易經》體系以外的術數。相對上，外國傳入的術數以及其理論，對我國術數影響更大。

## 曆法、推步術與外來術數的影響

我國的術數與曆法的關係非常緊密。早期的術數中，很多是利用星宿或星宿組合的位置（如某星在某州或某宮某度）付予某種吉凶意義，并據之以推演，例如歲星（木星）、月將（某月太陽所躔之宮次）等。不過，由於不同的古代曆法推步的誤差及歲差的問題，若干年後，其術數所用之星辰的位置，已與真實星辰的位置不一樣了；此如歲星（木星），早期的曆法及術數以十二年為一周期（以應地支），與木星真實周期十一點八六年，每幾十年便錯一宮。後來術家又設一「太歲」的假想星體來解決，是歲星運行的相反，週期亦剛好是十二年。而術數中的神煞，很多即是根據太歲的位置而定。又如六壬術中的「月將」，原是立春節氣後太陽躔娵訾之次而稱作「登明亥將」，至宋代，因歲差的關係，要到雨水節氣後太陽才躔娵訾之次，當時沈括提出了修正，但明清時六壬術中「月將」仍然沿用宋代沈括修正的起法沒有再修正。

由於以真實星象周期的推步術是非常繁複，而且古代星象推步術本身亦有不少誤差，大多數術數除依曆書保留了太陽（節氣）、太陰（月相）的簡單宮次計算外，漸漸形成根據干支、日月等的各自起例，以起出其他具有不同含義的眾多假想星象及神煞系統。唐宋以後，我國絕大部分術數都主要沿用這一系統，也出現了不少完全脫離真實星象的術數，如《子平術》、《紫微斗數》、《鐵版神數》等。後來就連一些利用真實星辰位置的術數，如《七政四餘術》及選擇法中的《天星選擇》，也已與假想星象及神煞混合而使用了。

隨着古代外國曆（推步）、術數的傳入，如唐代傳入的印度曆法及術數，元代傳入的回回曆等，其中我國占星術便吸收了印度占星術中羅睺星、計都星等而形成四餘星，又通過阿拉伯占星術而吸收了其中來自希臘、巴比倫占星術的黃道十二宮、四大（四元素）學說（地、水、火、風），並與我國傳統的二十八宿、五行說、神煞系統並存而形成《七政四餘術》。此外，一些術數中的北斗星名，不用我國傳統的星名：天樞、天璇、天璣、天權、玉衡、開陽、搖光，而是使用來自印度梵文所譯的：貪狼、巨門、祿存、文曲，廉貞、武曲、破軍等，此明顯是受到唐代從印度傳入的曆法及占星術所影響。如星命術中的《紫微斗數》及堪輿術中的《撼龍經》等文獻中，其星皆用印度譯名。及至清初《時憲曆》，置閏之法則改用西法「定氣」。清代以後的術數，又作過不少的調整。

此外，我國相術中的面相術、手相術，唐宋之際受印度相術影響頗大，至民國初年，又通過翻譯歐西、日本的相術書籍而大量吸收歐西相術的內容，形成了現代我國坊間流行的新式相術。

## 陰陽學——術數在古代、官方管理及外國的影響

術數在古代社會中一直扮演着一個非常重要的角色，影響層面不單只是某一階層、某一職業、某一年齡的人，而是上自帝王，下至普通百姓，從出生到死亡，不論是生活上的小事如洗髮、出行等，大事如建房、入伙、出兵等，從個人、家族以至國家，從天文、氣象、地理到人事、軍事，從民俗、學術到宗教，都離不開術數的應用。我國最晚在唐代開始，已把以上術數之學，稱作陰陽（學），行術數者稱陰陽人。（敦煌文書、斯四三二七唐《師師漫語話》：「以下說陰陽人謾語話」，此說法後來傳入日本，今日本人稱行術數者為「陰陽師」）。一直到了清末，欽天監中負責陰陽術數的官員中，以及民間術數之士，仍名陰陽生。

古代政府的中欽天監（司天監），除了負責天文、曆法、輿地之外，亦精通其他如星占、選擇、堪輿等術數，除在皇室人員及朝庭中應用外，也定期頒行日書、修定術數，使民間對於天文、日曆用事吉凶及使用其他術數時，有所依從。

我國古代政府對官方及民間陰陽學及陰陽官員，從其內容、人員的選拔、培訓、認證、考核、律法監管等，都有制度。至明清兩代，其制度更為完善、嚴格。

宋代官學之中，課程中已有陰陽學及其考試的內容。（宋徽宗崇寧三年〔一一零四年〕崇寧算學令：「諸學生習……並曆算、三式、天文書。」「諸試……三式即射覆及預占三日陰陽風雨。天文即預

定一月或一季分野災祥，並以依經備草合問為通。」

金代司天臺，從民間「草澤人」（即民間習術數人士）考試選拔：「其試之制，以《宣明曆》試推步，及《婚書》、《地理新書》試合婚、安葬，並《易》筮法，六壬課、三命、五星之術。」（《金史》卷五十一・志第三十二・選舉一）

元代為進一步加強官方陰陽學對民間的影響、管理、控制及培育，除沿襲宋代、金代在司天監掌管陰陽學及中央的官學陰陽學課程之外，更在地方上增設陰陽學課程（《元史・選舉志一》：「世祖至元二十八年夏六月始置諸路陰陽學。」）地方上也設陰陽學教授員，培育及管轄地方陰陽人。（《元史・選舉志一》：「（元仁宗）延祐初，令陰陽人依儒醫例，於路、府、州設教授員，凡陰陽人皆管轄之，而上屬於太史焉。」）自此，民間的陰陽術士（陰陽人），被納入官方的管轄之下。

至明清兩代，陰陽學制度更為完善。中央欽天監掌管陰陽學，明代地方縣設陰陽學正術，各州設陰陽學典術，各縣設陰陽學訓術。陰陽人從地方陰陽學肄業或被選拔出來後，再送到欽天監考試。（《大明會典》卷二二三：「凡天下府州縣舉到陰陽人堪任正術等官者，俱從吏部送（欽天監），考中，送回選用；不中者發回原籍為民，原保官吏治罪。」）清代大致沿用明制，凡陰陽術數之流，悉歸中央欽天監及地方陰陽官員管理、培訓、認證。至今尚有「紹興府陰陽印」、「東光縣陰陽學記」等明代銅印，及某某縣某某之清代陰陽執照等傳世。

清代欽天監漏刻科對官員要求甚為嚴格。《大清會典》「國子監」規定：「凡算學之教，設肄業生。滿洲十有二人，蒙古、漢軍各六人，於各旗官學內考取。漢十有二人，於舉人、貢監生童內考取。附學生二十四人，由欽天監選送。教以天文演算法諸書，五年學業有成，舉人引見以欽天監博士用，貢監生童以天文生補用。」學生在官學肄業、貢監生肄業或考得舉人後，經過了五年對天文、算法、陰陽學的學習，其中精通陰陽術數者，會送往漏刻科。而在欽天監供職的官員，《大清會典則例》「欽天監」規定：「本監官生三年考核一次，術業精通者，保題升用。不及者，停其升轉，再加學習。如能黽勉供職，即予開復。仍不及者，降職一等，再令學習三年，能習熟者，准予開復，仍不能者，黜退。」除定期考核以定其升用降職外，《大清律例》中對陰陽術士不準確的推斷（妄言禍福）是要治罪的。《大清律例·一七八·術七·妄言禍福》：「凡陰陽術士，不許於大小文武官員之家妄言禍福，違者杖一百。其依經推算星命卜課，不在禁限。」大小文武官員延請的陰陽術士，自然是以欽天監漏刻科官員或地方陰陽官員為主。

官方陰陽學制度也影響鄰國如朝鮮、日本、越南等地，一直到了民國時期，鄰國仍然沿用着我國的多種術數。而我國的漢族術數，在古代甚至影響遍及西夏、突厥、吐蕃、阿拉伯、印度、東南亞諸國。

## 術數研究

術數在我國古代社會雖然影響深遠，「是傳統中國理念中的一門科學，從傳統的陰陽、五行、九宮、八卦、河圖、洛書等觀念作大自然的研究。……傳統中國的天文學、數學、煉丹術等，要到上世紀中葉始受世界學者肯定。可是，術數還未受到應得的注意。術數在傳統中國科技史、思想史，文化史、社會史，甚至軍事史都有一定的影響。……更進一步了解術數，我們將更能了解中國歷史的全貌。」（何丙郁《術數、天文與醫學中國科技史的新視野》，香港城市大學中國文化中心。）

可是術數至今一直不受正統學界所重視，加上術家藏秘自珍，又揚言天機不可洩漏，「（術數）乃吾國科學與哲學融貫而成一種學說，數千年來傳衍嬗變，或隱或現，全賴一二有心人為之繼續維繫，賴以不絕，其中確有學術上研究之價值，非徒癡人說夢，荒誕不經之謂也。其所以至今不能在科學中成立一種地位者，實有數因。蓋古代士大夫階級目醫卜星相為九流之學，多恥道之；而發明諸大師又故為惝恍迷離之辭，以待後人探索；間有一二賢者有所發明，亦秘莫如深，既恐洩天地之秘，復恐譏為旁門左道，始終不肯公開研究，成立一有系統說明之書籍，貽之後世。故居今日而欲研究此種學術，實一極困難之事。」（民國徐樂吾《子平真詮評註》，方重審序）

現存的術數古籍，除極少數是唐、宋、元的版本外，絕大多數是明、清兩代的版本。其內容也主要是明、清兩代流行的術數，唐宋或以前的術數及其書籍，大部分均已失傳，只能從史料記載、出土文獻、敦煌遺書中稍窺一鱗半爪。

## 術數版本

坊間術數古籍版本，大多是晚清書坊之翻刻本及民國書賈之重排本，其中豕亥魚魯，或任意增刪，往往文意全非，以至不能卒讀。現今不論是術數愛好者，還是民俗、史學、社會、文化、版本等學術研究者，要想得一常見術數書籍的善本、原版，已經非常困難，更遑論如稿本、鈔本、孤本等珍稀版本。在文獻不足及缺乏善本的情況下，要想對術數的源流、理法、及其影響，作全面深入的研究，幾不可能。

有見及此，本叢刊編校小組經多年努力及多方協助，在海內外搜羅了二十世紀六十年代以前漢文為主的術數類善本、珍本、鈔本、孤本、稿本、批校本等數百種，精選出其中最佳版本，分別輯入兩個系列：

一、心一堂術數古籍珍本叢刊

二、心一堂術數古籍整理叢刊

前者以最新數碼（數位）技術清理、修復珍本原本的版面，更正明顯的錯訛，部分善本更以原色彩色精印，務求更勝原本。并以每百多種珍本、一百二十冊為一輯，分輯出版，以饗讀者。

後者延請、稿約有關專家、學者，以善本、珍本等作底本，參以其他版本，古籍進行審定、校勘、注釋，務求打造一最善版本，方便現代人閱讀、理解、研究等之用。

限於編校小組的水平，版本選擇及考證、文字修正、提要內容等方面，恐有疏漏及舛誤之處，懇請方家不吝指正。

心一堂術數古籍 珍本／整理 叢刊編校小組

二零零九年七月序

二零一四年九月第三次修訂

# 《八刻分經定數（密碼表）》提要

《八刻分經定數》，又名《皇極數》，原十五卷，另卷首一冊。題［宋］邵雍撰。清鈔本。未刊稿。線裝。虛白廬藏本。

邵雍（一零一一—一零七七），生於北宋真宗四年，卒於北宋神宗十年。字堯夫，又稱安樂先生、百源先生，謚康節。河北范陽（今河北省涿州市）人，後隨父移居共城，晚年隱居在洛陽。後世稱邵康節，為北宋理學家，精易學。《宋史・邵雍傳》云：「始為學，即堅苦自勵，寒不爐，暑不扇，夜不就席者數年。」「遠而古今世變，微而走飛草木之性情」，「智慮絕人，遇事能前知」。宋代名儒如司馬光、程頤、程顥、張載等皆曾從遊。著有《皇極經世》、《伊川擊壤集》、《觀物內外篇》、《漁樵問對》等。其中《皇極經世》以先天易數，用元、會、運、世推演天地變化、古今興衰和朝代更替之法，對後世易學、術數影響甚為巨大。民間流傳的術數中，《梅花易數》、《皇極數》（《八刻分經定數》）、《邵子數》、《蠢子數》、《鐵板神數》等），均相傳皆為邵雍所發明。

本書原序中，《八刻分經定數》（即《皇極數》），心一堂術數珍本古籍叢刊另已出版十六卷本）。明《永樂大典》中載有《皇極數》三卷，據《四庫全書總目提要》中所載：「不著撰人名氏。其說以八卦之數推人禍福吉凶。占子孫一條有云：此祖宗後代之數，先天不傳之秘。司馬溫公得之於康節，康節子伯溫又得之於司馬公，從而流傳。今得之者幾希，予不得已而傳之云云。牽及邵子，猶數學之慣技。牽及司馬光，妄益甚矣。」明《永樂大典》本《皇極數》雖與本書卷數不同，不過皆云傳自邵子（邵雍），又俱「以八卦之數推人禍福吉凶。」故本書與明《永樂大典》本《皇極數》或有淵源。

本書卷首起例中，用晝夜分百刻之法，考我國明代及以前，一日（晝夜）分百刻，至清初才改為一日分九十六刻。然本書起例中又有「本朝欽天監⋯數理精蘊⋯」之語，按《數理精蘊》一書乃纂成於清康熙間。故本書當編成於明代（沿用一日〔晝夜〕分百刻之明制），而修訂於清康熙後（故有《數理精蘊》等語）。

考傳世不同流派的神數鈔本，最早是明代（參考虛白廬藏之明清各派「神數」鈔本），而筆記、小說中有關「神數」的記載，也是在明代及以後才出現。另，《四庫全書》輯宋祝泌撰《觀物篇解》五卷附《皇極經世解起數訣》一卷之提要云：「陶宗儀《輟耕錄》載泌精皇極數，其甥傳立傳其術，為元世祖占卜，尚能前知，則亦小道之可觀者。蓋其學雖宗康節，而亦自別有所得。故其例頗與《經世書》不符，而其推占亦往往著驗。方技之家，各挾一術，邵子不必盡用易，泌亦不必盡用邵子，無庸以異同疑也。二書世所鈔傳，間有譌脫，諸本竝同，無從訂正，今亦姑仍之云。」可知宋代祝泌亦精「皇極數」。可是，祝氏之「皇極數」乃是推算國運之術，并非推占人命之術。故此，凡推命術而名《皇極數》者，當是明代以後偽託邵雍《皇極經世》之名而已。

明代小說《水滸傳》已載有《皇極先天神數》之推命術。（《水滸傳》第六十回：「吳用答道：『小生姓張，名用，自號談天口。祖貫山東人氏，能算皇極先天數，知人生死貴賤。卦金白銀一兩，方纔算命。』」）

明代袁了凡（一五三三－一六零六）所撰《了凡四訓》（《訓子文》）中云：

「余童年喪父，老母命棄舉業學醫，謂：『可以養生、可以濟人，且習一藝以成名，爾父夙心也。』

後余在慈雲寺，遇一老者，修髯偉貌，飄飄若仙。余敬禮之，語余曰：『子仕路中人也。明年即進學，何不讀書？』余告以故，並叩老者姓氏里居。曰：『吾姓孔，雲南人也。得邵子皇極數正傳，數該傳汝。』余引之歸，告母。母曰：『善待之。』試其數，纖悉皆驗。

余遂起讀書之念，謀之表兄沈稱，言：『郁海谷先生在沈友夫家開館，我送汝寄學甚便。』余遂禮郁為師。孔為余起數：『縣考童生當十四名，府考七十一名，提學考第九名。』明年赴考，三處名數皆合。復為卜終身休咎，言：『某年考第幾名，某年當補廩，某年當貢。貢後某年當選四川一大尹，在任三年半，即宜告歸。五十三歲八月十四日丑時，當終於正寢，惜無子。』余備錄而謹記之。

自此以後，凡遇考校，其名數先後，皆不出孔公所懸定者。獨算余食廩米九十一石五斗當出貢，及食米七十餘石，屠宗師即批准補貢，余竊疑之。後果為署印楊公所駁。直至丁卯年，殷秋溟宗師見余場中備卷，歎曰：『五策即五篇奏議也，豈可使博洽淹貫之儒，老於窗下乎？』遂依縣申文准貢，連前食米計之，實 九十一石五斗也。余因此益信進退有命、遲速有時，澹然無求矣。」

由此可見，《皇極數》（《八刻分經定數》）在明代已然流行，而且以「纖悉皆驗」聞名。至清代則演變成為《鐵板神數》。

民間流傳術數中，《鐵板神數》與子平、紫微斗數等推命術不同之處，乃術家不單以人的出生之年、月、日、時推算，尚需問命者提供部分六親之生肖存亡等資料，以供術家「考刻分」（一時中再分刻分）。術家推命後的批章，往往因為被推算者的六親之生肖存亡等奇準，而被稱之為「神數」。考民間流傳之《皇極數》（《八刻分經定數》）、《邵子數》、《蠢子數》、《甲子數》、《太極數》、《先天（神）數》等，多相類似，也多宗邵雍為撰者，或為今天流行的《鐵板神數》之前身，可統稱之為「神數」系統。時至今日，除《鐵板神數》因有清刻本及民國印本流傳而比較廣為人知以外，《皇極數》、《八刻分經定數》、《邵子數》、《蠢子數》等其他類同之術，歷來大多只有鈔本流傳，而且都幾近煙沒，或只在民間極小范圍之中流傳，已鮮為人知。

我國的推命術，如星學（七政四餘）、子平學、紫微斗數、河洛理數等，其原理、起例、推算法則等皆已公開，無甚秘密。唯各種「神數」，其原理、起例、推算法則一直未有公開，或云「神數」非推命之學，實是「射覆」之術，待考。一直以來，以「神數」為業之術家，對「神數」的原理、起例、推算法則甚為保密，各流派的「神數」刻本或鈔本，大多只錄其條文，於原理、起例、推算法則大多從缺，或只摘錄部分起例，亦語焉不詳。時人欲作「神數」的原理及推算法則等研究，一直極為困難。

本書序中對《八刻分經定數》（《皇極數》）原理有如下描述：

「……於《皇極經世》，另刪尾卷分十五小冊，自一萬五千數，其法從寅上起大衍，取人生於寅之義，畫卜人生休咎、壽夭、窮通。……不必思情索理，無論智愚，皆可依據葫蘆，詎不快哉。」

「時分八刻也。……蓋支干雖同，而刻分各異，一時八刻，差之毫釐，失之千里。惟於晝夜百刻之數，……必以胎元為準，從寅上起大衍，遇卯乃止，從寅逆數，遇寅則止，仍將大衍作數，加以天干，配合地支，則知某卷某頁某數，及其父母生年歿年，與兄弟、妻財、子祿，有與書合者，即是此刻，不合再推，必推究符合，乃可從年干依大衍推。……」

綜觀本書序文及卷首起例，可知《八刻分經定數》（《皇極數》）的推算法，又與坊間流傳之《鐵板神數》推算法不盡相同。坊間《鐵板神數》是以一時分八刻、一刻分十五分（即一日中分一百二十刻分）去考刻分。而《八刻分經定數》（《皇極數》）中，乃沿用明代一日（晝夜）分百刻之法去考刻分。其中又按曆法，在不同節氣晝夜時間，刻分有不同對應的日月位置、十二宮度數及二十八星宿分野等。

清刻本《鐵板神數》坤集中，有紫微斗數、河洛理數等起例的內容，而《皇極數》的起例中，則并無此等內容。或許清刻本《鐵板神數》坤集會有紫微斗數、河洛理數等起例的內容夾雜於其中，是為混淆視聽之用。《八刻分經定數》（《皇極數》）已清楚說明是從「胎元」推得「大衍作數」後，「加以天干，配合地支」，得出「某卷某數某頁」之條文的推算方法，以及有詳細的「密碼表」。相對坊間流傳之《鐵板神數》推算法，非常繁複，諸法雜用，眾說紛紜，莫衷一是。而《八刻分經定數》（《皇極數》）卷首的起例、推算法及密碼表，則比較清楚、詳細及豐富，篇幅亦較清刻本《鐵板神數》卷首

「坤集」中所載，多兩倍有餘，本書可說是對研究《八刻分經定數》（《皇極數》）及各種「神數」的極為珍貴資料。

本書《八刻分經定數》條文部分與心一堂術數珍本古籍叢刊另已出版十六卷本《皇極數》基本相同，是現時已知各派「神數」中最多條文之系統之一，惟起例（密碼表）部分不同之處很多，當是兩種不同傳承的《皇極數》（《八刻分經定數》），據云諸種不同「神數」，便是條文相同，其使用密碼表也因術家心得習慣，如不同的切入點，有不同的密碼表。今一并把《八刻分經定數》起例（密碼表）出版，若讀者能與心一堂術數珍本古籍叢刊另已出版的十六卷本《皇極數》，最早刻本（清中葉）的十四卷本《鐵板神數》（附秘鈔密碼表）、《邵夫子先天神數》、《蠢子纏度》、《先天蠢子神數》等（以上俱輯入心一堂術數珍本古籍叢刊），讀者對「神數」之原理、起例、推算法則等當有會心。

為令此稀見鈔本不致湮沒，特以最新數碼技術清理、修復版面精印，以供參考研究。

## 先天序

混沌初開、陰陽未分、自龍出河而八卦著、龜見洛而九疇陳、於是太極立矣、儀象生矣、卦爻畫矣、文王演後天、宣聖繫易辭、察飛伏於六十四卦、辨吉凶於三百餘爻、配合五行、包羅萬象、用能開物成務、牖萬古之顓愚焉、秦漢以來、言理者各務神聖心傳、而致遠鈎深、探賾索隱、卒失潔淨精微之旨、言數者目為卜筮秘訣、而黃石標異、陰符稱奇、不免讖緯術數之說、是羲文周孔子之道、明之者適以塞之矣、予總角時、即有疑於此者、以為聖人覺世牖民之書必不如此之艱難奇怪、予人以不可能也、於是踰河洛、涉淮漢、周流齊魯宋鄭之墟久之終為無所得者乃翻法來歸築安樂窩糊易於壁而讀之艱苦刻勵寒不炉暑不扇寢食與伴者數年而無所得仍如故甲寅夏偶卧甩枕覯易見鼠遊床下再四不覺以枕投之鼠逃而枕破見內書某年月日為河南邵雍投鼠所破心甚怪之爰向陶者而問之陶者曰去歲有一叟向予索未成甩枕去翼乃還囑予曰此枕當為賢者所售其殆是乎偕遊者以訪至其廬有垂髫者揖予曰公非康節先生乎予驚曰然子何以知之曰先君子遺命云今日當有賢者邵某相訪遂出所藏書一冊付予予捧而讀之則李挺之先生。所著大衍易數也。攜歸展玩不覺豁然、而數十年之勞心焦思、迄無所得者、竟於是而知、與羲文周孔相遇也、豈果艱深奇怪、予人以不可解耶、於是占牡丹而知其將殘。聽雞鳴而知其必殺。觀梅鵲而知為折股之少女。聞杜鵑而知為宋室之南遷。是則草木鳥獸。莫不有一定之數。存乎其間。況人生終身大事。迄無定數乎。爰是作皇極經世千有餘卷。因人事以驗天時。因天時以徵人事。類皆循理、步軌、不敢誕言妄作、第恐易義雖簡、而取用甚宏、而此書繁多、亦非易覽、繼作梅花易數、又慮其易而大疎、簡而弗備、故於皇極經世、另刪尾卷、分十五小冊、自一千至一萬五千數止、其法從寅起大衍取人生於寅之義。盡卜人生休咎壽夭窮通。閑以規矩。不必思情索理。無論智愚。皆可依樣葫蘆。詎不快哉。名其書曰八刻分經定數。曰八刻者何。時分八刻也。曠觀宇宙之大。倫類之繁。不無其年月日時之同。以及一胎雙生者。其後壽夭窮通。不啻天淵。豈真命之無足憑乎。蓋支干雖同。而刻分各異。一時八刻。差之毫釐。失之千里。惟於一晝夜百刻之數。斟酌審之。庶幾刻分的。而薰蕕迥異耳。然時且難分。刻何由定哉。或荒村曠野。無禁鼓之可聞。或風雨晦明。無晷刻之可辨。即父母目擊。尚不足信。矧陌路人。必以胎元為準。從寅起大衍。遇卯乃止。從卯逆數。遇寅則止。仍將大衍作數。加以天干配合地支則知某卷某頁某數及其父母生年歿年與兄弟妻財子祿有與書合者卽是此刻不合再推必推究符合乃可從年干依大衍推出自然驗若影響矣曰分經者何蓋誕降之初必纏星宿星宿有經緯之分其間毫不容混此書不憚煩苦詳定經緯於其中猶恐後人鮮有經歷者故立成法將星宿之度数去留遲疾順逆一一預定不假思索後附歷法乃無差謬之弊曰定數者何凡人之生也頃刻榗榮枯必有定數不但隱而未見者人所難測卽時時見諸眉睫出声色者亦所難料憶辛酉年四月寇相貶道州卒其先有詩云到海只千里過山應萬重因嘆曰人生得喪豈偶然哉可

知一字一言、必有定數、予生也晚、未獲親炙於先賢、無知妄作、罪難逭、然不過集前聖之章程、發往哲之遺意、感人生之有數、慕芳徵（徽）而述古、若云筆洩天機、發聾開瞶、則余焉敢、

時

大宋天禧七年癸亥歲十一月、上浣穀旦、河南堯夫邵雍謹題、

# 乾屬

○辛月月戌子甲
辛月甲戌丙
辛月丙戌戊
辛月戊戌庚
辛月庚戌壬
○辛月壬戌丑乙
辛月乙戌丁
辛月丁戌己
辛月己戌辛
辛月辛戌癸
○辛甲月戌寅甲
辛甲甲戌丙
辛甲丙戌戊
辛甲戊戌庚
辛甲庚戌壬

○辛甲壬戌卯乙
辛甲乙戌丁
辛甲丁戌己
辛甲己戌辛
辛甲子戌癸
○辛丙月戌辰甲
辛丙甲戌丙
辛丙丙戌戊
辛丙戊戌庚
辛丙庚戌壬
○辛丙壬戌巳乙
辛丙乙戌丁
辛丙丁戌己
辛丙己戌辛
辛丙子戌癸

○辛戊月戌午甲
辛戊甲戌丙
辛戊丙戌戊
辛戊戊戌庚
辛戊庚戌壬
○辛戊壬戌未乙
辛戊乙戌丁
辛戊丁戌己
辛戊己戌辛
辛戊子戌癸
○辛庚月戌申甲
辛庚甲戌丙
辛庚丙戌戊
辛庚戊戌庚
辛庚庚戌壬

○辛庚壬戌酉乙
辛庚甲戌丁
辛庚丙戌己
辛庚庚戌辛
辛庚庚戌癸
○辛庚壬戌戌甲
辛壬甲戌丙
辛壬丙戌戊
辛壬戊戌庚
辛壬庚戌壬
○辛壬壬戌亥乙
辛壬乙戌丁
辛壬丁戌己
辛壬己戌辛
辛壬子戌癸

## 坤屬

○辛月乙壬甲子
辛乙甲壬丙子
辛乙丙壬戊子
辛乙戊壬庚子
辛乙庚壬壬子
○辛乙壬壬丑乙
辛乙乙壬 丁
辛乙丁壬 巳
辛乙巳壬 辛
辛乙子壬 癸
○辛丁月壬寅甲
辛丁甲壬 丙
辛丁丙壬 戊
辛丁戊壬 庚
辛丁庚壬 壬

○辛丁壬壬卯乙
辛丁乙壬 丁
辛丁丁壬 巳
辛丁巳壬 辛
辛丁子壬 癸
○辛巳月壬辰甲
辛巳甲壬 丙
辛巳丙壬 戊
辛巳戊壬 庚
辛巳庚壬 壬
○辛巳壬壬巳乙
辛巳乙壬 丁
辛巳丁壬 巳
辛巳巳壬 辛
辛巳亍壬 癸

○辛辛月壬午甲
辛辛甲壬 丙
辛辛丙壬 戊
辛辛戊壬 庚
辛辛庚壬 壬
○辛辛壬壬未乙
辛辛乙壬 丁
辛辛丁壬 巳
辛辛巳壬 辛
辛辛子壬 癸
○甲 辛月月壬申甲
辛月甲壬 丙
辛月丙壬 戊
辛月戊壬 庚
辛月庚壬 壬

○甲月壬壬酉乙
甲月乙壬 丁
甲月丁壬 巳
甲月巳壬 辛
甲月辛壬 癸
○甲甲月月壬戌甲
甲甲東甲支壬 丙
甲甲丙支壬 戊
甲甲戊支壬 庚
甲甲庚支壬 壬
○甲甲壬支壬亥乙
甲甲乙支壬 丁
甲甲丁支壬 巳
甲甲巳支壬 辛
甲甲子支壬 癸

# 乾坤同屬

○辛丁乙丙子甲
辛丁丁丙丙
辛丁巳丙戊
辛丁子丙庚
辛丁巳月丙壬
辛巳甲亥丙丑乙
辛巳丙丙丁
辛巳戊丙巳
辛甲壬巳月二丙乙辛
甲壬月甲乙癸
○甲壬月丙庚寅甲
甲壬月戊甲丙
甲壬月庚丙戊
甲壬月壬戊庚
甲壬月乙巳壬

○甲壬月丁戊卯乙
甲壬月巳戊丁
甲壬月子戊巳
甲壬甲甲庚辛
甲壬甲丙戊癸
○甲壬甲戊壬辰甲
甲壬甲庚巳丙
甲壬甲壬甲戊
甲壬甲乙乙庚
甲壬甲巳亥壬
甲月月丙壬
○甲月甲丙巳乙
甲月丙丙丁
甲月戊丙巳
甲月庚丙辛
甲月壬丙癸

○甲月乙丙午甲
甲月丁丙丙
甲月巳丙戊
甲月子丙庚
甲月月丙壬
○甲月甲丙未乙
甲月甲丙丙丁
甲月甲戊丙巳
甲月甲庚丙辛
甲月甲壬丙癸
○甲月甲乙丙甲甲
甲月甲丁丙丙
甲月甲巳丙戊
甲月甲子丙庚
甲月丙月丙壬

○甲月丙甲丙酉乙
甲月丙丙丙丁
甲月丙戊丙巳
甲月丙庚丙辛
甲月丙壬丙癸
○甲月丙乙丙戌甲
甲月丙丁丙丙
甲月丙巳丙戊
甲月丙子丙庚
甲月戊月戊壬
○甲月戊甲乙亥乙
甲月戊丙丙丁
甲月戊戊丙巳
甲月戊庚丙辛
甲月戊壬丙癸

乾坤合納月下癸丙

甲月甲支庚　子
甲月丙支庚　丑
甲月戊支庚　寅
甲月庚支庚　卯
甲月壬支庚　辰
甲月乙支庚　巳
甲月丁支庚　午
甲月巳支庚　未
甲月子支庚　申
甲月甲月庚　酉
甲月甲甲庚　戌
甲月甲丙庚　亥

# 金木合納

○甲甲月月戊 子 甲
甲甲月甲戊 丙
甲甲月丙戊 戊
甲甲月戊戊 庚
甲甲月庚戊 壬
○甲甲月壬戊 丑 乙
甲甲月乙戊 丁
甲甲月丁戊 巳
甲甲庚壬戊 辛
甲甲月子戊 癸
○甲庚月月丙 寅 甲
甲庚月甲支 丙
甲庚月甲甲 戊
甲庚月丙支 庚
甲庚月丙乙 壬

○甲庚月戊乙 卯 乙
甲庚月庚巳 丁
甲庚月壬甲 巳
甲庚月乙戊 辛
甲庚月丁乙 癸
○甲庚月巳庚 辰 甲
甲庚月子支 丙
甲庚月子戊 戊
甲庚甲月巳 庚
甲庚甲甲戊 壬
○甲庚甲丙壬 巳 乙
甲庚甲戊支 丁
甲庚甲乙子 巳
甲庚甲丁丁 辛
甲庚甲巳巳 癸

○甲庚甲子甲 午 甲
甲庚甲子乙 丙
甲庚甲壬足 戊
甲庚壬丙丙 庚
甲庚壬庚支 壬
○甲庚壬庚子 未 乙
甲庚壬壬丁 丁
甲庚壬乙甲 巳
甲庚壬丁子 辛
甲庚壬巳戊 癸
○甲庚壬子子 申 甲
甲庚乙月巳 丙
甲庚乙甲丙 戊
甲庚乙丙支 庚
甲庚乙庚支 壬

○甲庚乙丁巳 酉 乙
甲庚乙巳戊 丁
甲庚丁丙甲 巳
甲庚丁庚文 辛
甲庚丁庚丁 癸
○甲庚丁壬乙 戌 甲
甲庚丁乙丁 丙
甲庚丁丁文 戊
甲庚丁巳丁 庚
甲庚丁子辛 壬
○甲庚巳月庚 亥 乙
甲庚巳丙丙 丁
甲庚巳丙丁 巳
甲庚巳戊巳 辛
甲庚巳戊乙 癸

# 木遁卦

○甲庚丁戊巳子甲
甲庚丁庚巳 丙
甲庚丁壬巳 戊
甲庚丁乙巳 庚
甲庚丁巳巳 壬
○甲庚巳月巳丑乙
甲庚巳甲辛 丁
甲庚巳丙辛 巳
甲庚巳戊辛 辛
甲庚巳庚辛 癸
○甲庚巳壬辛寅甲
甲庚巳乙辛 丙
甲庚巳丁辛 戊
甲庚巳巳辛 庚
甲庚巳辛丙 壬

○甲庚辛甲巳卯乙
甲庚辛丙巳 丁
甲庚辛戊巳 巳
甲庚辛庚巳 辛
甲庚辛壬巳 癸
○甲庚辛乙庚辰甲
甲庚辛丁庚 丙
甲庚辛丁巳 戊
甲庚辛巳巳 庚
甲庚辛辛壬 壬
○甲月甲支丁巳乙
甲月丙支丁 丁
甲月戊支丁 巳
甲月庚支丁 辛
甲月壬支丁 癸

○甲月乙支丁午甲
甲月丁支丁 丙
甲月巳支丁 戊
甲月子支丁 庚
甲月甲月丁 壬
○甲月甲甲丁未乙
甲月甲丙丁 丁
甲月甲戊丁 巳
甲月甲庚丁 辛
甲月甲壬丁 癸
○甲月甲乙丁申甲
甲月甲丁丁 丙
甲月甲巳丁 戊
甲月甲子丁 庚
甲月丙月丁 壬

○甲月甲支丁酉乙
甲月丙丙丁 丁
甲月丙戊丁 巳
甲月丙庚丁 辛
甲月丙壬丁 癸
○甲月丙乙丁戌甲
甲月丙丁丁 丙
甲月丙巳丁 戊
甲月丙子丁 庚
甲月戊月丁 壬
○甲月戊甲支丁亥乙
甲月戊丙支丁 丁
甲月戊戊支丁 巳
甲月戊庚支丁 辛
甲月戊壬支丁 癸

# 金遁卦

○甲月戊乙亥戊　子　甲
甲月戊丁戊　丙
甲月戊巳戊　戊
甲月戊子戊　庚
甲月庚月戊　壬
○甲月庚甲戊　丑　乙
甲月庚丙戊　丁
甲月庚戊戊　巳
甲月庚庚戊　辛
甲月庚壬戊　癸
○甲月庚乙戊　寅　甲
甲月庚丁戊　丙
甲月庚巳戊　戊
甲月庚子戊　庚
甲月壬月戊　壬

○甲月壬甲戊　卯　乙
甲月壬丙戊　丁
甲月壬戊戊　巳
甲月壬庚戊　辛
甲月壬壬戊　癸
○甲月壬乙亥戊　辰　甲
甲月壬丁亥戊　丙
甲月壬巳戊　戊
甲月壬子戊　庚
甲月乙月戊　壬
○甲月乙甲戊　巳　乙
甲月乙丙戊　丁
甲月乙戊戊　巳
甲月乙庚戊　辛
甲月乙壬戊　癸

○甲月乙乙戊　午　甲
甲月乙丁戊　丙
甲月乙巳戊　戊
甲月乙子戊　庚
甲月乙丁月戊　壬
○甲月丁甲戊　未　乙
甲月丁丙戊　丁
甲月丁戊戊　巳
甲月丁庚戊　辛
甲月丁壬戊　癸
○甲月丁乙戊　申　甲
甲月丁丁戊　丙
甲月丁巳戊　戊
甲月丁子戊　庚
甲月巳月戊　壬

○甲月巳甲戊　酉　乙
甲月巳丙戊　丁
甲月巳戊戊　巳
甲月巳庚戊　辛
甲月巳壬戊　癸
○甲月巳乙戊　戌　甲
甲月巳丁戊　丙
甲月巳巳戊　戊
甲月巳子戊　庚
甲月子月戊　壬
○甲月子甲戊　亥　乙
甲月子丙戊　丁
甲月子戊戊　巳
甲月子庚戊　辛
甲月子壬戊　癸

## 田宅水宮

甲庚己丁戊 無否
甲庚己壬丙 人世
甲庚巳戊丁 先得
甲庚己甲己 自失不廣
甲庚壬戊丁 守中子
甲庚壬丙戊 不久
甲庚庚己庚 后火
甲壬子丁己 申子
甲壬子子壬 先火
甲壬子己己 白倉
甲壬辛丁甲 尽市
甲庚甲乙丙 周堂辛
甲庚甲壬子 寬樂
甲戊乙乙乙 寡哭
甲丞月壬乙 自倉

## 乾坤告

甲甲月戊 月屯
甲丙甲甲支日鬼屯

## 屯ず

甲壬子甲丙 正
甲壬子丙戊 正
甲壬子戊丙 終身
甲壬辛庚丙 非
甲壬辛壬甲 風
甲壬子乙甲 ず
甲壬子乙丙 酉
甲壬辛丁丙 亞
甲壬子己戊 亲
甲丙丁支乙 良ず

## 災文

甲壬戊己甲
甲壬乙丙戊
甲壬乙戊戊
甲壬乙壬甲
甲壬乙乙丙
甲壬乙丁乙

## 音 官品

子巳庚丙
子己壬丙
子己乙丙
子己丁丙
子己己丙
子己丙丙
子己子丙

## 畐 衣食

甲壬辛甲己 后
甲壬子丙己 全
甲壬子戊己 先古后
甲壬辛庚己 先凶后哭
甲壬辛壬己 免天為
甲壬壬乙己
乙巳巳支己 后

## 姤戊家文

甲壬月壬壬
戊乙壬乙

## 天酒星

甲壬月乙丁
癸月
己壬己子
隨月山日早屯
壬庚丁庚
明非屯
壬庚丁壬
比文
甲丙月子丙 壬丑
甲丙甲月子 戊甲虫
姤 閑畐文
辛戊壬支
甲丙戊甲子 幼失金
甲丙戊丙丙 未系金屯
甲丙戊甲壬 戊女寄酉

# 五局全圖

天一生水而六化成之
地二生火而七化成之
土居其五而十化成之
天三生木而八變成之
地四生金而九変成之

乾三連 ☰ 天父
坤六斷 ☷ 地母
肇六子

三陽
三陰

震仰盂 ☳ 長男
坎中滿 ☵ 中男
艮覆碗 ☶ 少男
巽下斷 ☴ 長女
離中虛 ☲ 中女
兌上缺 ☱ 少女

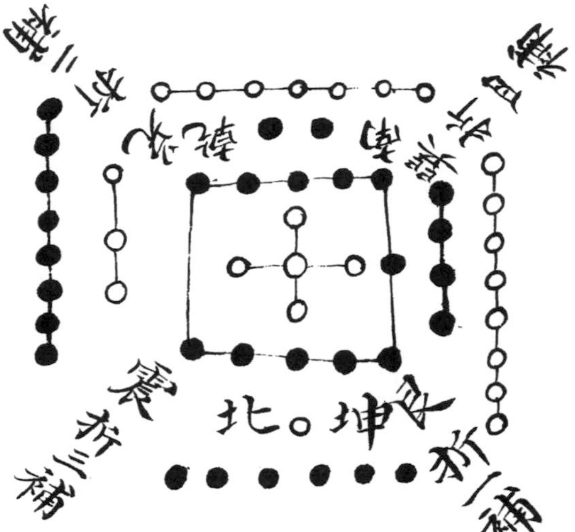


洛書

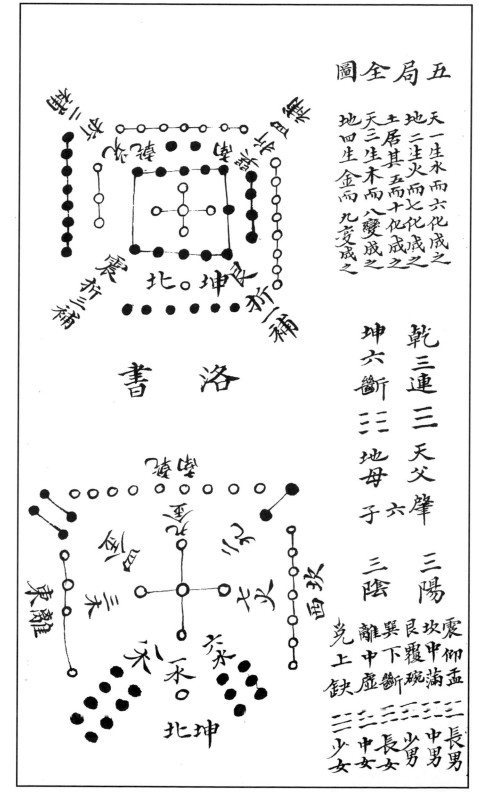

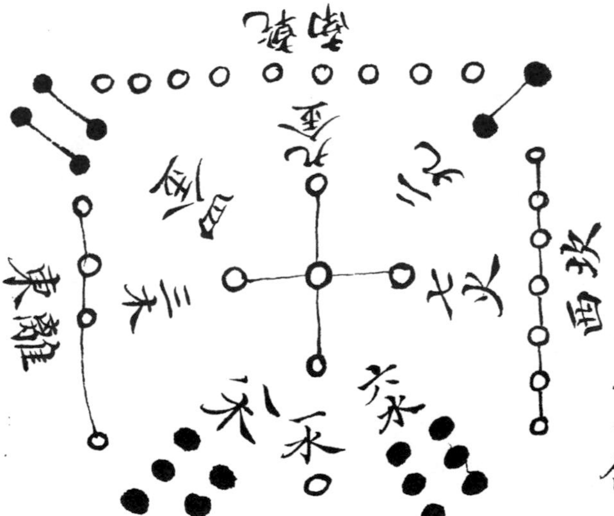

# 先天算法

先將本命四柱立
合算具人事不真
大衍數法乃施行
陰陽次行三后后

依着先天用數數
時刻錯差陰陽忤
配合本命為卦主
日居生時月〻順數

數合何宮卦內行
再將時刻細推求
萬物原從太極生
時日皆從子上輪

仍將先天法數舉
刻的時真方得所
一成萬象數數祖
十會本位月休觀

## 乾元遁卦

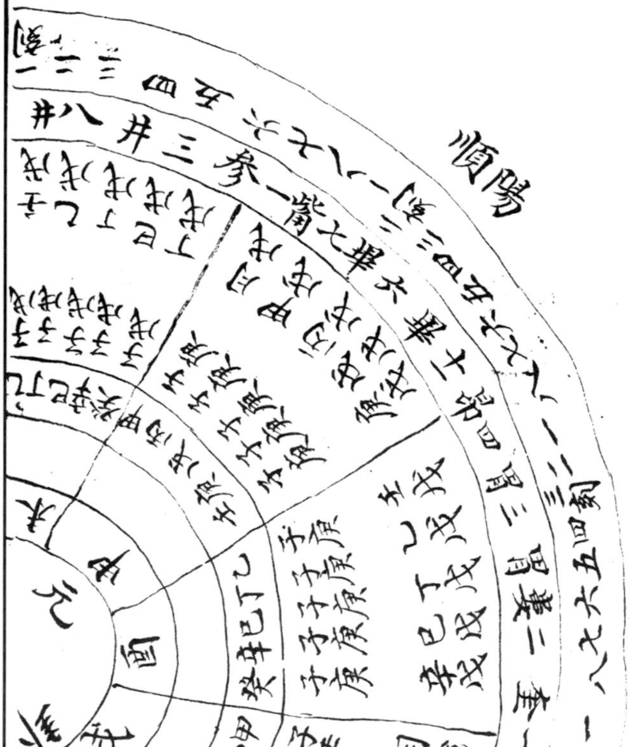

# 各分納音

歲君水火廿加七
配後还加數一千
後於本卦辨陰陽
陽遇陰兮逆數行

金木無加五十土
包藏四序為歲主
進退盈虛須減補
法用後天為定主

再加一二三四五
得策当先尋納音
陰遇陽兮順數行
逐一依法細推求

配卻金木水火土
日時順逆还共譜
行宮須向先天行
壽夭窮通如目睹

本朝欽天監遵製量天尺合數理精蘊算法以推先天以推刻分絲毫無錯

# 坤元道卦

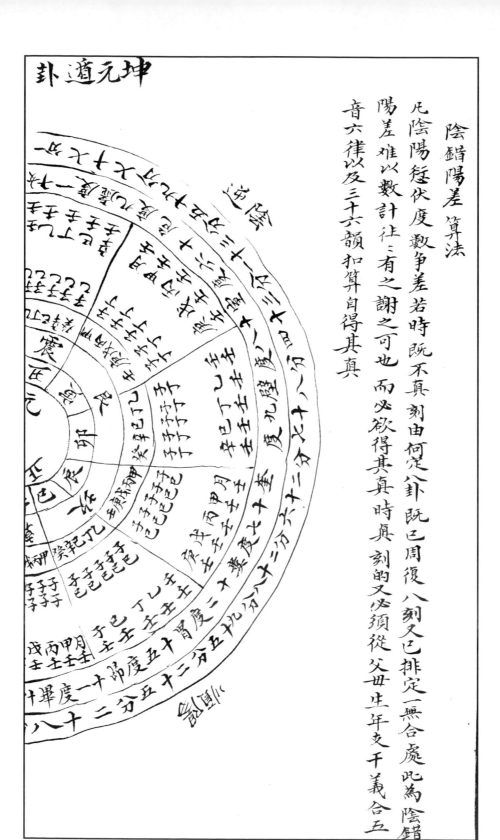

## 陰錯陽差算法

凡陰陽疑伏度數爭差若時既不真刻由何定八卦既已周復八刻又已排定一無合處此為陰錯陽差難以數計往往有之謝之可也　而必欲得其真時真刻的又必須從父母生年支干義合五音六律以及三十六額扣算自得其真

# 各局分刻

五音　宮土　商金　角木　徵火　羽水

六律　陽　黃鐘子　太簇寅　姑洗辰　蕤賓午　夷則申　無射戌

陰　大呂丑　夾鐘卯　仲呂巳　林鐘未　南呂酉　應鐘亥

黃鐘八十一數是為宮声三分損一以下生徵則去二十七得五十四數　徵三分損一以上生角則加一十八得七十二數　商三分損一以下生羽則去二十四得四十八數　羽三分損一以上生商則加二十六得六十四數角声之數三分之不足其數不行故声止於此也

## 乾坤全圖

五行本義取用

河圖甲己子午九　乙庚丑未八当首　丙辛寅申七數真　丁壬卯酉六相親

戊癸辰戌五爲次　巳亥原來數當四

合大衍之數五十其用四十有九之法除之也五數是土六數是金三數是木二數是火一數是水之類也

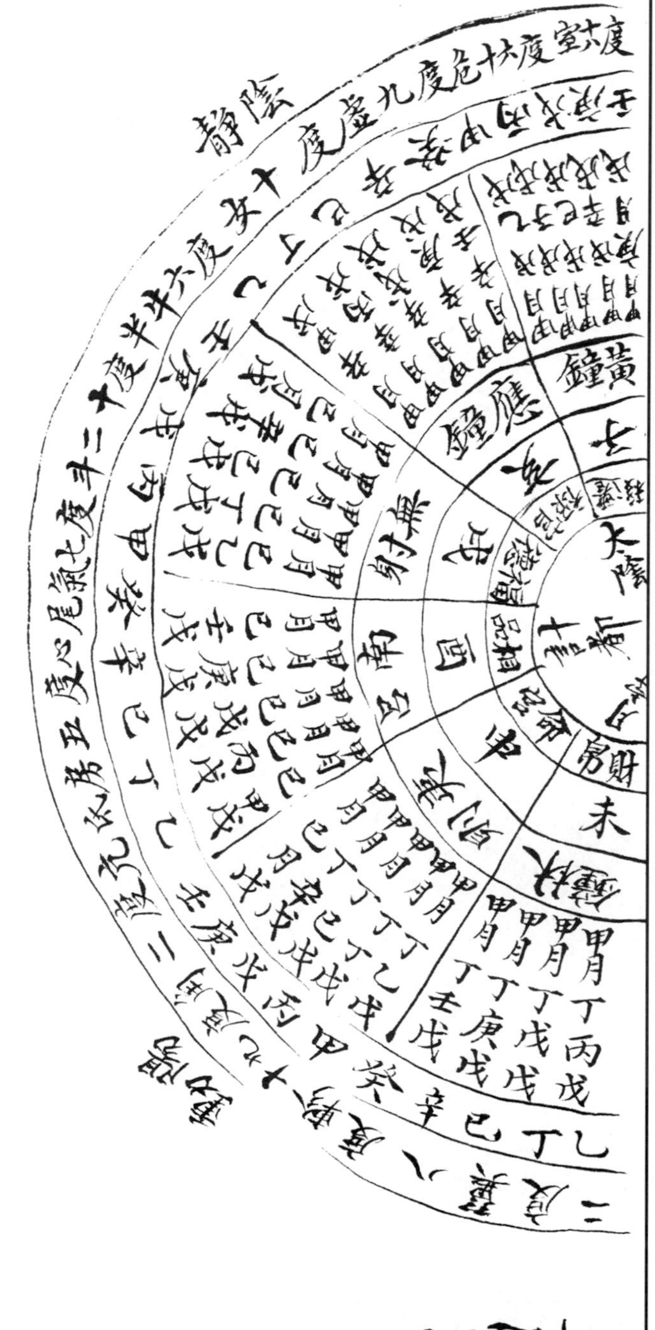
陰靜
陽動
黃鐘
應鐘
無射
南呂
夷則
林鐘
子
亥
戌
酉
申
未

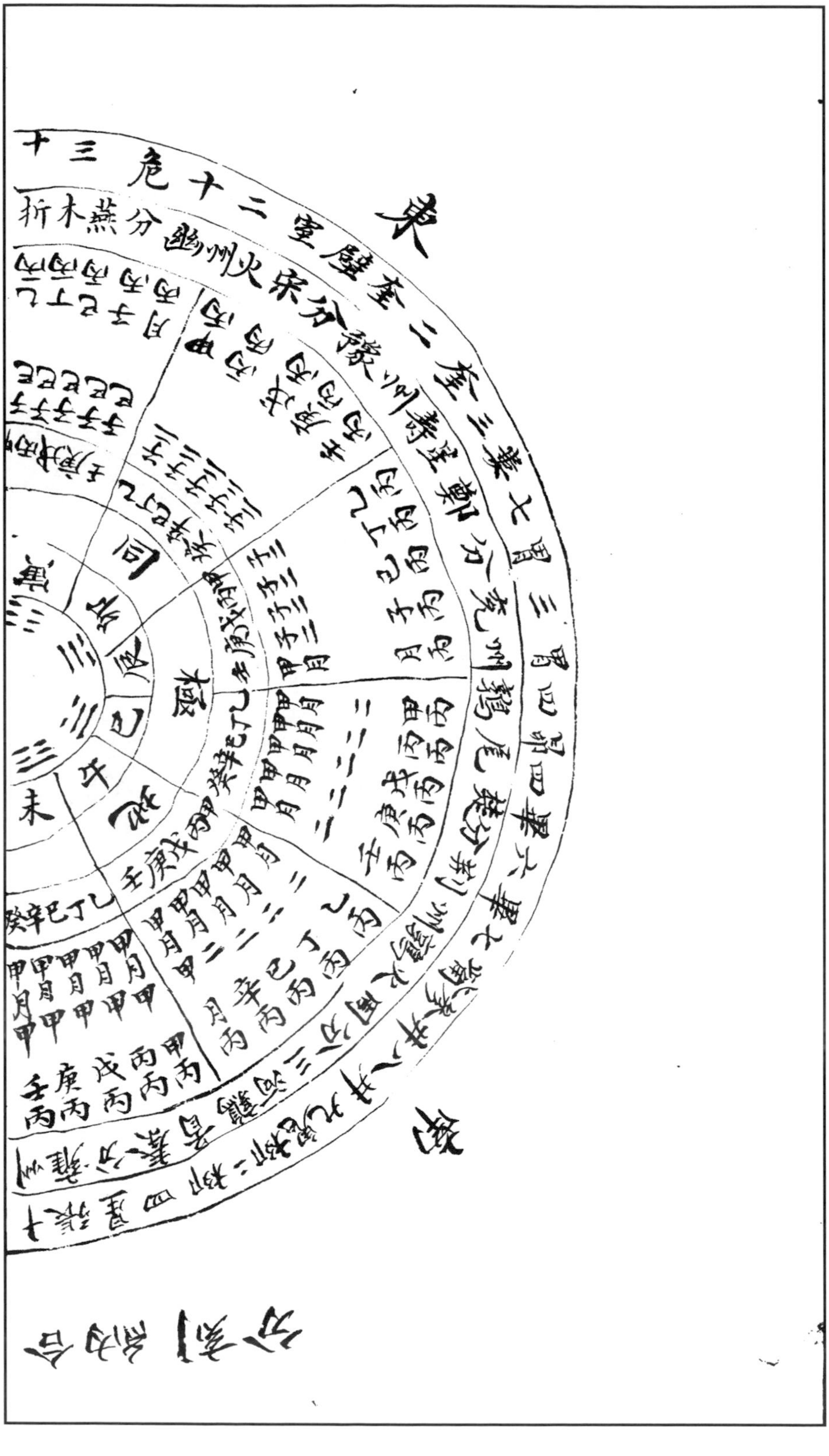

# 各局刻分

月屯
甲庚辛丁支　子
甲庚巳丙壬　丑
甲庚壬辛乙　寅

甲庚壬戊乙　卯
甲庚戊壬壬　辰
甲庚丙丁庚　巳

甲庚月巳丁　午
甲壬乙月壬　未
甲壬壬月辛　申

甲壬乙巳庚　酉
甲壬壬辛支　戌
甲壬巳月壬　亥

# 木宮遁卦

斗宿度斗
甲壬壬巳壬子
甲壬巳庚巳卯

斗
甲庚丙壬辛午
甲庚乙戊壬酉

甲庚庚巳辛辰
甲庚丁月辛戌
甲庚巳甲壬丑
甲庚辛甲辛未

半
甲壬戊乙寅
甲壬壬乙庚申
甲壬庚乙乙巳
甲壬丁丙乙亥

# 各納分刻

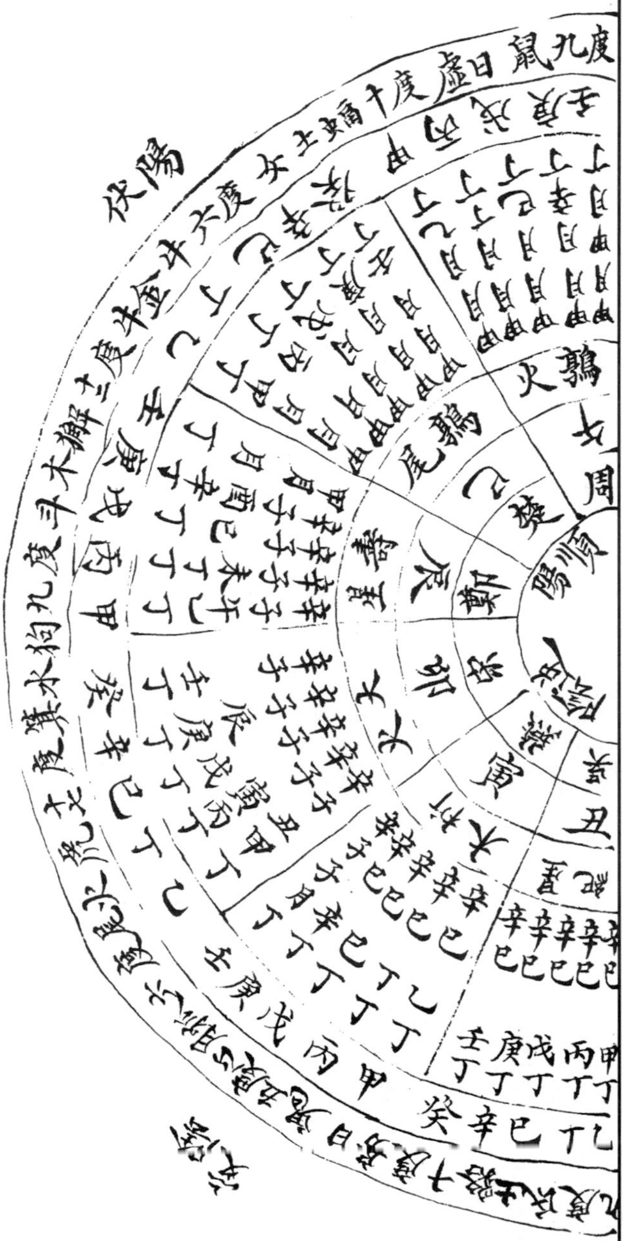

附月屯
子子丙戌
子子丙亥

附日屯
子丑寅卯辰巳
午未申酉戌亥

# 金木全圖

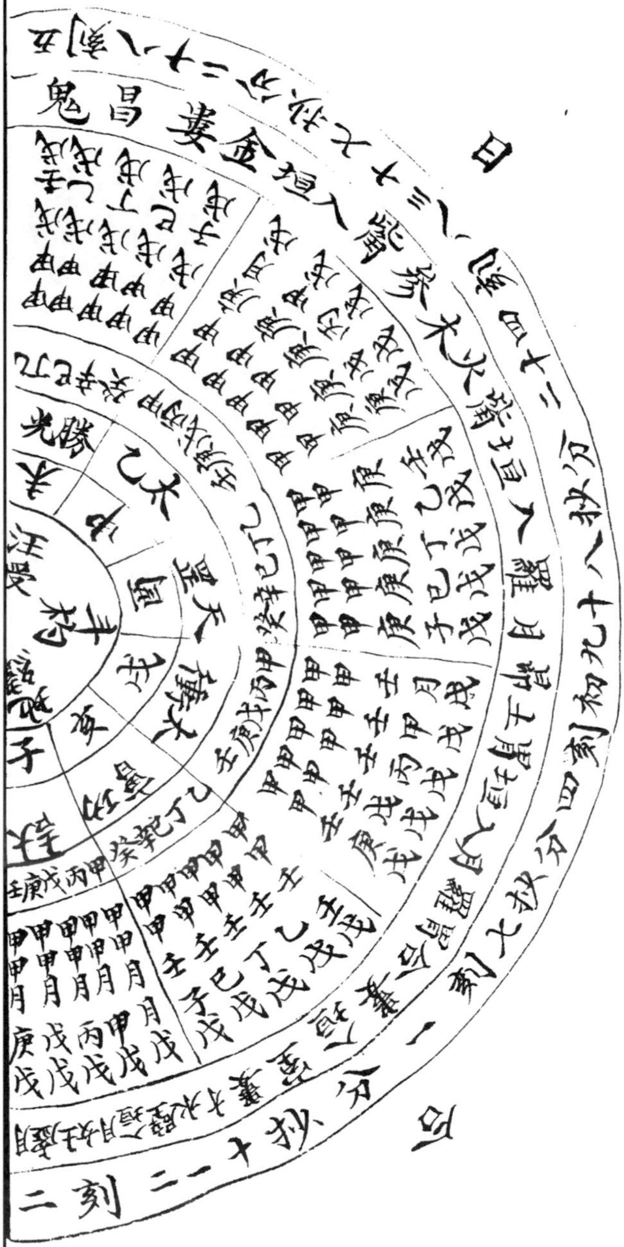

# 共納分刻

歲
王省宫

乾為天 天風姤
甲甲甲月○丙
甲甲甲月甲丙
戊甲甲月丙丙子
庚甲甲月戊子
壬甲甲月庚子

坎為水 水澤節
甲甲甲丙月丁
丙甲甲丙丙支
戊甲甲戊(丙)戊支辰
庚甲甲丙戊庚
壬甲甲丙庚丁

艮為山 山火賁
甲甲甲庚壬支
丙甲甲庚壬巳

天山遯 天地否
乙甲甲月乙甲
丁甲甲月乙子
巳甲甲月丁甲丑
辛甲甲月巳甲
癸甲甲甲月足

水雷屯 水火既濟
乙甲甲丙乙支
丁甲甲丙乙丁
巳甲甲丙巳甲巳
辛甲甲丙子支
癸甲甲戊月足

山天大畜 山澤損
乙甲甲庚巳子
丁甲甲庚子子

風地觀 山地剝
甲甲甲甲甲支
丙甲甲甲丙支
戊甲甲甲丙丁寅
庚甲甲甲戊庚
壬甲甲甲庚丁

澤火革 雷火豐
甲甲甲戊月庚
丙甲甲戊甲庚
戊甲甲戊戊庚午
庚甲甲戊戊戊
壬甲甲戊巳支

火澤睽 天澤履
甲甲甲壬戊巳
丙甲甲壬庚巳

火地晉 火天大有
乙甲甲甲壬庚
丁甲甲甲乙子
巳甲甲甲丁丁卯
辛甲甲甲巳庚
癸甲甲甲辛丁

地火明夷 地水師
乙甲甲戊子支
丁甲甲戊子巳
巳甲甲庚甲巳未
辛甲甲庚丙巳
癸甲甲庚庚支

風澤中孚 風山漸
乙甲甲壬子支
丁甲甲乙月足

戊甲甲庚乙巳 甲
庚甲甲庚丁巳
壬甲甲庚巳巳
震為雷 雷地豫
月 卿士宮
巽為風 風天小畜
乙 庚月戊巳
丁 庚月壬申
巳 庚月丁戊 卯
辛 庚月丁巳
癸 庚甲月足
離為火 火山旅
乙 庚丁巳支
丁 庚巳月 月
巳 庚巳甲戊 丑
辛 庚巳乙丁

巳甲甲壬月子 酉
辛甲甲壬甲巳
癸甲甲壬丙子
雷水解 雷風恒
風火家人 風雷益
甲 庚月月丙
丙 庚月月巳
戊 庚月甲戊 寅
庚 庚月甲子
壬 庚月丙丁
火風鼎 火水未濟
甲 庚丁戊巳
丙 庚丁庚庚
戊 庚丁壬甲 子
庚 庚丁乙支

庚(戊)甲甲壬壬子 戌
庚甲甲壬乙子
壬甲甲壬丁子
地風升 水風井
天雷无妄 火雷噬嗑
乙 庚甲丁甲
丁 庚甲丁巳
巳 庚甲子丙 巳
辛 庚丙月足
癸 庚丙戊甲
山水蒙 風水渙
乙 庚乙巳支
丁 庚乙辛丁
巳 庚丁月丙 亥
辛 庚丁甲庚

巳甲甲壬(乙)壬(甲)支(戌) 亥
辛甲甲壬(乙)丙甲
癸甲甲乙戊乙
澤風大過 澤雷隨
山雷頤 山風蠱
甲 庚甲甲甲
丙 庚甲甲子
戊 庚甲戊庚 辰
庚 庚甲壬戌
壬 庚甲乙支
天水訟 天水同人
甲 庚乙壬戌
丙 庚乙庚甲
戊 庚乙壬巳 戌
庚 庚乙乙甲

癸 庚巳丁辛　壬 庚丁丁支　癸 庚丁甲子　壬 庚乙丁甲

坤為地地雷復　地澤臨地天泰　雷天大壯澤天夬　水天需水地比

乙 庚 庚月足　甲 庚丙戊子　乙 庚壬月足　甲 庚庚庚支

丁 庚 庚月丁　丙 庚丙丁戊　丁 庚壬戊子　丙 庚庚壬支

巳 庚 庚甲支 未　戊 庚戊戊戊 午　巳 庚壬子巳 酉　戊 庚庚壬壬 申

辛 庚 庚甲子　庚 庚戊戊子　辛 庚乙甲支　庚 庚庚丁甲

癸 庚 庚戊丙　壬 庚戊庚巳　癸 庚乙戊支　壬 庚庚子丙

兌為澤澤水困　澤地萃澤山咸　水山蹇地山謙　雷山小過雷澤歸妹

日 師尹宮

乾金內甲子　外甲午　坎水內甲寅　外戊申

甲甲月甲戊戊　乙甲月丙丁戊　甲甲月庚月辛　乙甲月壬戊辛

丙甲月甲庚戊　丁甲月丙巳支　丙甲月庚甲艮壬　丁甲月壬庚辛

戊甲月甲壬戊 子　巳甲月丙巳辛 卯　戊甲月庚丙壬 午　巳甲月壬壬丙 酉

庚甲月甲乙戊　辛甲月丙辛壬　庚甲月庚戊壬　辛甲月壬乙巳

壬甲月甲辛支　癸甲月戊月戊　壬甲月庚庚壬　癸甲月壬丁丙

艮土內丙辰　外丙戌　震木內壬子　外壬午

艮土內丙辰
乙甲月甲辛戌
丁甲月丙月戌
巳甲月丙甲戌
丑
辛甲月丙丙亥
癸甲月丙丙辛

巽木內癸丑
甲甲月丙戌壬
丙甲月丙庚壬
戊甲月丙壬戌
寅
庚甲月丙壬壬
壬甲月丙乙辛

坤地內辛丑

外丙戌
甲甲月戊甲亥
丙甲月戊甲巳
戊甲月戊丙巳
辰
庚甲月戊庚辛
壬甲月戊乙亥

外癸未
乙甲月戊乙壬
丁甲月戊丁亥
巳甲月戊巳亥
巳
辛甲月戊辛亥
癸甲月戊辛壬

外辛未

戊辰日
甲戊丁庚子

震木內壬子
乙甲月庚壬亥
丁甲月庚壬辛
巳甲月庚丁亥
未
辛甲月庚丁辛
癸甲月庚巳壬

離火內丁卯
甲甲月庚辛亥
丙甲月庚辛辛
戊甲月壬月乙
申
庚甲月壬甲辛
壬甲月壬丙辛

兌金內辛巳

外壬午
甲甲月壬丁辛
丙甲月壬巳巳
戊甲月壬辛丙
戌
庚甲月乙月丙
壬甲月乙甲亥

外丁酉
乙甲月乙甲辛
丁甲月乙丙辛
巳甲月乙戊辛
亥
辛甲月乙庚巳
癸甲月乙壬乙

外辛未

分刻宮

# 十二宮分常氣晨昏

正月建寅
立春 日四十三刻 夜五十七刻
雨水 日四十五刻 夜五十五刻
日月會于諏訾

二月建卯
驚蟄 日四十七刻 夜五十三刻
春分 日夜五十刻
日月會于降婁

三月建辰
清明 日五十三刻 夜四十七刻
谷雨 日五十五刻 夜四十五刻
日月會于大梁

四月建巳
立夏 日五十七刻 夜四十三刻
小滿 日五十八刻 夜四十二刻
日月會于實沈

五月建午
芒種 日六十刻 夜四十刻
夏至 日六十一刻 夜三十九刻
日月會于鶉首

六月建未
小暑 日五十九刻 夜四十九刻
大暑 日五十六刻 夜四十四刻
日月會于鶉火

# 諸歷黃道分野宿度

角木蛟亢金龍氐土貉房日兔心月狐尾火虎箕水豹

齊女二度

| | |
|---|---|
| 甲甲月月巳 | |
| 甲甲月甲巳 | 入元 |
| 甲甲甲丙甲 | 枵子 |
| 甲甲甲戊乙 | 次之 |
| 甲甲甲庚乙 | |
| 甲甲甲壬甲 | |
| 甲甲甲乙甲 | |
| 甲甲甲丁乙 | |

子

吳斗四度

| | |
|---|---|
| 甲甲甲辛乙 | |
| 甲甲丙月庚 | 入星 |
| 甲甲丙甲甲 | 紀丑 |
| 甲甲丙丙庚 | 次之 |
| 甲甲丙戊甲 | |
| 甲甲丙庚甲 | |
| 甲甲丙壬庚 | |
| 甲甲丙丁庚 | |

丑

鄭軫一度

| | |
|---|---|
| 甲甲壬壬甲 | 入壽 |
| 甲甲壬乙甲 | 星辰 |
| 甲甲壬丁壬 | 次之 |
| 甲甲壬巳壬 | |
| 甲甲壬辛甲 | |
| 甲甲乙月甲 | |
| 甲甲乙甲庚 | |
| 甲甲乙丙戊 | |

辰

楚張十五度

| | |
|---|---|
| 甲甲乙戊甲 | 入鶉 |
| 甲甲乙庚甲 | 尾巳 |
| 甲甲乙壬戊 | 次之 |
| 甲甲乙乙戊 | |
| 甲甲乙丁戊 | |
| 甲甲乙巳戊 | |
| 甲甲乙辛戊 | |
| 甲甲乙月甲 | |

巳

晉畢六度

| | |
|---|---|
| 甲申巳巳甲 | 入實 |
| 甲甲巳辛丙 | 沈申 |
| 甲甲辛月丙 | 次之 |
| 甲甲辛甲丙 | |
| 甲甲辛丙甲 | |
| 甲甲辛戊丙 | |
| 甲甲辛壬丙 | |
| 甲甲辛乙丙 | |

申

趙胃四度

| | |
|---|---|
| 甲甲辛丁甲 | 入大 |
| 甲甲辛巳丙 | 梁酉 |
| 甲甲辛辛甲 | 次之 |
| 甲甲辛辛乙 | |
| 甲甲辛丁乙 | |
| 甲甲辛辛支 | |
| 甲甲辛乙丁 | |
| 甲甲辛壬巳 | |

酉

斗木獬牛金牛女土蝠虛日鼠危月燕室火豬壁水㺄

## 此謂晝夜刻數日月相會合全圖

七月建申
立秋（日五／夜四）十（六／四）刻
處暑（日五／夜四）十五刻
申日月會于鶉火

八月建酉
白露（日五／夜四）十（四／六）刻
秋分（日五／夜四）十五刻
酉日月會于壽星

九月建戌
寒露（日四／夜五）十（九／一）刻
霜降（日四／夜五）十（七／三）刻
戌日月會于大火

十月建亥
立冬（日四／夜五）十（六／四）刻
小雪（日四／夜五）十（三／七）刻
亥日月會于析木

十一月建子
大雪（日四／夜五）十（一／九）刻
冬至（日四／夜五）十刻
子日月會于星紀

十二月建丑
小寒（日五／夜四）十（一／九）刻
大寒（日五／夜四）十（一／九）刻
丑日月會于元枵

## 諸歷黃道宮分次舍圖

奎木狼　婁金狗　胃土雉　昴日雞　畢月烏　觜火猴　參水猿

燕尾三度
甲甲丙辛庚
甲甲戊月甲（入析木／寅次之）
甲甲戊甲甲
甲甲戊辛甲
甲甲庚甲甲
甲甲庚丙甲
甲甲庚戊甲
甲甲庚庚甲
寅

宋氐三度
甲甲庚壬甲
甲甲庚乙甲（入大火／卯次之）
甲甲庚丁甲
甲甲庚巳丁
甲甲庚辛丁
甲甲壬甲辛
甲甲壬戊甲
甲甲庚月戊
卯

周柳四度
甲甲丁甲戊
甲甲丁丙戊（入鶉火／午次之）
甲甲丁戊甲
甲甲丁庚丙
甲甲丁壬丁
甲甲丁乙壬
甲甲丁丁戊
甲甲丁丁甲
午

蔡井九度
甲甲巳月丙
甲甲巳甲丙（入鶉尾／未次之）
甲甲巳丙乙
甲甲巳戊甲
甲甲巳庚甲
甲甲巳壬丙
甲甲巳乙甲
甲甲巳丁丙
未

魯奎二度
甲甲丙甲庚
甲甲丙丙丁（入降婁／戌次之）
甲甲丙庚庚
甲甲丙丁支
甲甲庚丁支
甲甲壬月巳
甲甲壬戊支
甲甲壬戊辛
戌

衛危十三度
甲甲壬辛乙
甲甲乙月乙（入諏訾／亥次之）
甲甲乙丙支
甲甲乙庚支
甲甲乙庚乙
甲甲乙乙支
甲甲乙丁乙
甲甲丁月丁
亥

井木犴　鬼金牛　柳土獐　星日馬　張月鹿　翼火蛇　軫水蚓

## 乾坤合納 生屯

○巳庚壬戌金木水火
丙庚巳支金木水土
○甲月巳庚金火水火
丁辛辛丙金土土水
甲月巳庚水金水火
丙辛巳支木水土火
甲丙辛戊木火火土
丙壬丙支木土水火
甲庚丁辛水金金火
甲甲丙丁水木水火
甲甲甲乙火金金水
○甲庚甲壬金木水金
壬辛巳丙火金金木
丁丁辛辛火水木土
甲庚戊庚水金木金
甲丙壬戊土金木火
○甲庚甲乙土水水金
壬辛巳甲土水土木
甲丙丙丁丙水土金木
丙巳丙巳　金木金水
戊壬丁巳　金木生
甲月月子　水木
丙子月巳支木水生土火屯

## 乾屯坤局

丁乙丙庚子
丁月戊辛丑
丁丙乙壬寅
壬戊辛巳卯
壬乙月戊辰
壬乙乙戊巳
壬丁甲支午
壬壬丁支未
壬巳壬支申
戊月壬戊酉
戊丙月辛戌
戊巳壬甲亥
壬丁丁支酉

## 坤屯乾局

辛甲巳巳子
辛戊庚辛丑
辛戊壬甲寅
辛戊乙甲卯
辛戊丁辛辰
乙乙壬丁巳
戊月戊戊午
戊丙辛支未
庚月庚丁酉
辛月乙巳戌
乙乙甲丁亥
甲壬月月丙申

## 乾屯肖內

甲壬月巳壬子
甲壬戊巳庚丑
甲壬庚巳壬寅
甲壬乙庚丙卯
甲壬巳巳乙辰
甲壬辛巳丁巳
甲庚丙戊乙午
甲庚戊乙丁未
甲庚庚庚辛申
甲庚壬乙巳酉
甲庚乙丙辛戌
甲庚丁巳壬亥

## 坤屯肖內

甲庚巳辛支甲子
甲庚巳丙壬丑
甲庚壬辛乙寅
甲庚壬戊乙卯
甲庚戊壬壬辰
甲丙庚丙丁庚巳
甲庚月巳丁午
甲壬乙月壬未
甲壬壬月辛申
甲壬乙巳庚酉
甲壬壬辛支戌
甲壬巳月壬亥
甲庚壬壬壬辰

乾納 生屯
丁巳辛庚辛土
甲丙丙　戊火木
甲甲巳巳丁木木
甲戊壬丁庚土水
甲丙丙壬丙土木

坤納 生屯
甲甲辛月戊水木
丁丁戊丁火土
甲戊壬辛甲木水
甲戊戊丁壬金火
甲戊丁辛子土水

乾屯納
丁子巳子 水土
甲甲乙巳庚火木
甲丙丁甲庚土金
甲戊戊庚乙水土
甲戊丙丙子火土
丙丁庚乙非

坤屯納
甲甲月辛丁木土
甲壬乙壬辛
甲甲壬乙支木金
甲戊戊庚乙火水
甲壬丁丁乙非

明屯乾先
巳丙子丁
丁丁戊甲
巳甲壬丙
丁月丙戊
巳丙壬丁
戊丙丁壬
甲戊丁月子
甲壬庚甲壬

明屯坤先
丁甲丙甲
丁月丙丙
戊丙巳壬
丁月戊戊
巳月戊庚

明永乾先
丁壬巳辛
庚庚巳戊
巳丙甲戊
巳月甲巳
巳甲辛丁
丁月戊子

明永坤先
巳甲丙乙
丙巳庚庚
甲巳乙乙
甲庚甲乙
壬巳甲支
巳甲乙乙

乾屯坤永
丁子甲子
巳丁丙丁
甲甲巳乙丙

坤屯乾永
甲戊月足
庚乙巳乙
甲甲巳巳戊

明旱屯
甲戊壬庚
戊月乙甲
子戊月巳
丁甲乙巳
子乙丙甲

先明屯
巳甲壬支

天虽
甲庚辛甲丙

天异
甲庚辛甲甲

初屯日
乙丁子支 失怙
戊巳戊巳未見日
戊巳戊丙未周日
戊戊壬戊 幼屯日
甲壬子子 日外屯
戊丁巳巳 外屯日
戊甲甲巳 日非屯
甲甲月月甲未見日
甲丙巳乙戊 幼屯日

初屯月
壬月丙壬
乙乙壬甲
戊乙壬丙未申
子甲庚子巳外
戊月月戊 非屯
丁甲甲壬 山台
丙巳壬甲 山台

明

明同屯
壬巳戊乙
戊戊子甲
戊乙庚子
丙庚丁甲

日屯卦
甲壬丙巳甲火
甲壬庚乙巳水
甲庚丁丙乙亞
甲庚丁月巳亞
甲壬乙甲丁木
甲庚壬甲戊水金
甲壬巳戊巳土火

月屯卦
甲壬庚子巳木
甲庚丙壬壬金
甲庚丙甲子水前
甲壬丁丙丁火後
甲壬月月戊土
甲庚壬丁丁木火
甲壬乙丁庚土水

乾納
甲甲子庚支金
甲甲子庚戊木
甲丙月子支水
甲丙戊子支火
甲丙丙戊支土
坤納
甲丙丙壬壬水
甲丙戊月丙火
甲丙戊乙戊木
甲丙庚丙戊土
甲丙庚甲支金
明屯各納
甲庚壬庚丙水火
甲庚戊丙丙金木
甲庚巳庚戊木土
甲戊甲子戊木金

乾先录屯
甲庚甲乙戊
甲庚甲丁巳
甲庚甲巳戊
甲庚甲子巳
坤先录屯
甲庚甲丁壬
甲庚甲乙乙
明录日屯先
巳甲丁巳
乙丙庚甲
甲月乙庚
明录月屯先
丙甲子壬
丙戊子壬
甲月巳乙
名屯明
甲庚乙巳甲日
丙庚月趕足月

明盛
丁乙丁甲
丁丁巳巳
甲丙月月壬
甲甲巳丙丙
明永
甲丙丁壬
甲甲月甲
甲戊乙丙壬
菜福德
日嚴
甲丙戊子戊
明兹
甲壬丁子壬
日手月屯
甲庚丙月丁虫
角后丁丁后升
○甲戊庚乙丁
甲壬丙子丙日罪屯艮荣
○甲戊壬辛乙又壬月

乾納
甲庚乙乙戊木
甲庚壬巳丙木
○甲庚壬巳辛水
甲庚壬甲巳水
甲庚丙庚壬金
甲庚丙月乙金
甲庚丙丁丁火
甲庚丙巳戊火
甲庚丙辛乙土
甲庚庚戊甲土
坤納
甲戊丁丙庚金
甲戊丁庚乙木
甲戊丁戊戊水
甲戊丁庚巳火
甲戊壬丙戊土
乾虫
甲庚庚巳壬半
甲庚庚巳戊工
甲庚庚戊庚虫

# 明全肖雙局

## 子

子月丙庚子
子月乙庚丑辰
子甲月庚寅申
子月戊庚卯丑
子月丁庚巳
子甲甲庚酉
子月庚庚寅
子月巳庚午
子甲丙庚戌
子月壬庚卯
子月辛庚未
子甲戊庚亥

## 丑

子甲庚庚丑
子甲壬庚子
子甲乙庚寅
子甲丁庚卯
子甲巳庚辰
子甲子庚巳
子丙月庚午
子丙甲庚未
子丙庚庚申
子丙戊庚酉
子丙戊庚戌
子丙壬庚亥

## 寅

子丙乙庚寅
子丙丁庚子
子丙巳庚丑
子丙子庚卯
子戊月庚辰
子戊甲庚巳
子戊丙庚午
子戊戊庚未
子戊庚庚申
子戊壬庚酉
子戊乙庚戌
子戊丁庚亥

## 卯

子戊巳庚卯
子戊子庚子
子戊庚月庚丑
子庚甲庚寅
子庚丙庚辰
子庚戊庚巳
子庚庚庚午
子庚壬庚未
子庚乙庚申
子庚丁庚酉
子庚巳庚戌
子庚子庚亥

## 辰

子壬月庚辰
子壬甲庚子
子壬丙庚丑
子壬戊庚寅
子壬庚庚卯
子壬壬庚巳
子壬乙庚午
子壬丁庚未
子壬巳庚申
子壬子庚酉
子乙月庚戌
子乙甲庚亥

## 巳

子乙丙庚巳
子乙戊庚子
子乙庚庚丑
子乙壬庚寅
子乙乙庚卯
子乙丁庚辰
子乙巳庚午
子乙子庚未
子丁月庚申
子丁甲庚酉

## 午

子丁庚庚午
子丁壬庚子
子丁乙庚丑
子丁丁庚寅
子丁巳庚卯
子丁子庚辰
子巳月庚巳
子巳甲庚未
子巳丙庚申
子乙戊庚酉

## 未

子巳乙庚未
子巳丁庚子
子巳巳庚丑
子巳子庚寅
子子月庚卯
子子甲庚辰
子子丙庚巳
子子戊庚午
子子庚庚申
子子壬庚酉

## 申

子子巳庚申
子子子庚子
甲月月庚丑
甲月甲庚寅
甲月丙庚卯
甲月戊庚辰
甲月月庚庚巳
甲月月壬庚午
甲月月乙庚未
甲月月丁庚酉

## 酉

甲月甲月庚酉
甲月甲甲庚子
甲月甲丙庚丑
甲月甲戊庚寅
甲月甲庚庚卯
甲月甲壬庚辰
甲月甲乙庚巳
甲月甲丁庚午
甲月甲巳庚未
甲月甲辛庚申

子丁丙庚 戌
子丁戊 庚亥
戌
甲月丙丙庚戌
甲月丙戊庚子
甲月丙庚庚丑
甲月丙壬庚寅
甲月丙乙庚卯
甲月丙丁庚辰
甲月丙巳庚巳
甲月丙辛庚午
甲月戊月庚未
甲月戊甲庚申
甲月戊丙庚酉
甲月戊戊庚亥

子巳庚庚戌
子巳壬庚亥
亥
甲月戊庚庚亥
甲月戊壬庚子
甲月戊乙庚丑
甲月戊丁庚寅
甲月戊巳庚卯
甲月戊子庚辰
甲月戊庚月庚巳
甲月庚甲庚午
甲月庚丙庚未
甲月庚戊庚申
甲月庚庚庚酉
甲月庚壬庚戌

子子乙庚戌
子子丁庚亥
日单卦
甲丙月甲壬子
甲丙月丙壬丑
甲丙月戊壬寅
甲丙月庚壬卯
甲丙月壬壬辰
甲丙丙乙壬巳
甲丙月丁壬午
甲丙月巳壬未
甲丙月子壬申
甲丙甲月壬酉
甲丙甲甲壬戌
甲丙甲丙壬亥

甲月月巳庚戌
甲月月子庚亥
月单卦
庚辛辛戊子
甲子月丙丑
丙戊月足寅
庚乙乙丙卯
庚辛辛乙辰
庚巳戊戊巳
庚庚辛辛午
庚庚甲巳未
巳乙壬巳申
巳庚子子酉
巳丁乙丁戌
巳巳丁丁亥

甲月丙月庚戌
甲月丙甲庚亥
明雙納
甲甲丁月庚 金木
甲甲丁庚庚 木金
甲甲丁丙支 金水
甲甲丁庚壬 木水
甲甲丁丁巳 水金
甲甲丁乙甲 水火
甲甲丁巳乙 火水
甲甲巳庚丁 土金
甲甲巳壬丁 土水木
甲甲巳乙丁 水木
甲甲巳丁丁 土水

## 分月卦

丙月山先
甲壬丙庚戊
丙月山后
甲庚丙壬丙
前月火土山后 后金
丙月戊甲
先金后火山先后
甲丙辛戊庚
戊月山度
丁子月壬
庚月山先
甲甲丙月足
庚月山度
丙子巳乙
妾月内
○壬月庚丁
山迷
甲丙丙子乙丙明
壬月
丁丁甲巳山迷 前水土 后金木
甲庚辛乙辛

## 分月支

庚月乙丙

丙丙甲乙 月多山先
戊月月乙 丙月
戊丙乙丙 非甲月
丙丙丙丁 非甲山正月
甲壬壬月丁 丙月
巳丙甲巳 有迷山正月
丙戊乙支 山后
丁壬丁甲 山度有正月
庚甲丙甲 戊月
乙乙月戊 庚月
壬子丁庚 壬月
丙子乙乙 乙月
丁庚巳壬 山先月
巳庚丁庚 山后月
庚巳戊庚 非度則后
戊丁月子 非度即迷
壬壬丙巳 非田即宅
甲壬戊壬壬 山先有迷
甲壬戊丙乙 山正有度
甲壬戊戊甲 山度非正

## 月召日

甲甲乙丁壬
日山月
壬庚巳支 隨日山歸宗
○甲戊庚甲乙 隨月山雄
甲戊甲庚甲 月甲早離
庚庚子支 日屯月山原
戊丙巳甲 日屯月架
丁月庚子 月架
庚壬乙月 日屯全月架

## 明案支

全前
甲戊月明巳乙 日矢
甲戊月子庚 月音矢
甲戊月子丁 日非屯
甲戊甲丙甲 月非屯
甲丙戊壬丙 双皆屯非命
甲戊甲戊丙 日山空門
甲丙甲巳壬 月山尼
甲甲巳戊戊 明俱山家
甲庚子甲支 日矢屯
甲庚月下又 甲月乙艮迷艮甲
丙辛壬支 有前月后月非屯

## 明不明

甲戊甲戊庚 日不
甲甲巳戊乙 月不
○甲月月子支 皆不
甲月戊戊子明 三心比和不
甲丙戊甲丙 二心比合
甲丙巳丁庚 日屯
甲庚辛戊丙 月屯
甲戊乙甲戊 明屯
甲戊甲月壬 日非月屯即生離
甲壬乙庚甲 日遂巳歸宗
甲戊子甲丙 有先度山迷
甲戊乙巳丙 日艮不和
甲戊乙月足 不和
甲庚辛戊丙 月屯
甲丙甲子支 明不月

比納音

甲壬月月庚 金木
甲壬月丙戊 木火
甲壬月甲庚 木水
甲壬月庚子 火土

比次卦

丙乙巳丁 甲
丙乙子壬 丙
壬子子壬 戊
庚子巳巳 庚
丁巳月壬 壬
甲月戊丙支 乙
甲甲丁子甲 丁
己子壬支 己
甲庚丙巳 辛
甲戊甲乙庚 癸
甲丙丙巳丙 甲
丁子子丁 丙
甲丙甲月丙 比双生
甲丙子庚壬 比多
甲壬辛月丙 比多双有
乙丁子巳 比癸
甲戊壬壬庚 居丙欠木

比迷卦

甲丙甲壬支丙甲
甲丙丙月足戊甲
甲丙丙庚支庚甲
甲丙戊壬丁壬甲
甲丙戊巳乙壬甲
甲丙庚甲戊乙甲
甲丙庚壬壬乙丙
甲丙壬月足丁甲
甲丙壬庚戊丁丙
甲丙壬巳丙巳甲
甲丙乙丙乙巳丙
甲丙丁庚庚子甲
甲丙丁巳戊子丙
甲丙乙丙庚 癸有居
甲丙巳丁乙 比多有
丙巳甲壬木金巳迷
甲庚丙甲乙丙甲迷
甲庚乙丁壬 冥火
甲庚丁支支冥火
甲庚甲巳乙 比多 有双白

比出卦

甲庚丁丁甲 壬丙
甲丙丙丁乙 丙衆
甲丙戊乙丙 丙甲
甲丙戊丁丙 戊甲
甲丙庚庚壬 戊丙
甲丙壬戊支 庚甲
甲丙乙月足 庚丙
庚戊

比多有出

甲壬戊戊支 比多甲出
甲丙丁丙乙 比辛 比庚
甲丙丁乙乙 主月 比辛出丙
甲丙巳庚庚 比辛戊出
甲丙巳巳丁 比丁皆出 壬
甲丙子甲壬 乙
甲丙子乙庚 丁
甲壬庚巳庚 巳

父迷

甲戊丁丙丁
甲戊丁丙巳
甲戊辛巳庚
甲庚丁壬壬

比屯卦

丁庚壬壬 戊不全
戊乙丙乙 戊折甲
甲庚月甲 庚甲
戊壬庚丁 壬甲
○戊子巳支 壬丙
甲甲子有乙 乙甲
甲壬月月巳 乙丙
甲壬丁庚辛 丁甲
甲甲子乙巳 丁丙
甲丙月丙巳 巳甲
甲丙月庚丙 巳丙
甲丙月乙支 子甲
甲壬月戊支 子戊
甲丙甲丙子 癸不全
甲丙甲壬壬 多不全
甲壬丁戊庚 比非屯
甲壬月月甲 壬丙
甲壬辛丙壬 比乙庚屯
甲庚甲丁乙 丁屯乙
甲壬丁月辛 壬丙屯
乙乙丙巳 比屯非

## 居居次文

甲丙子甲戊甲
甲丙子壬乙丙
甲丙巳巳庚戊
甲乙甲丙 庚
甲丙丁戊丁壬
甲丙丁甲庚乙
甲丙乙巳乙丁
甲丙乙月丁己
甲丙壬丙乙支丁辛
甲丙壬丙支癸

又

## 迷通用文

甲壬壬月戊
甲壬巳戊庚
甲壬乙戊庚
○甲辛丙庚

## 比巽宮

丙巳丙甲甲
丙丁乙庚丙
丙壬庚子戊

## 比虫文

子庚戊乙甲
子庚壬乙丙
子庚子丁戊
子庚丁乙癸
子庚乙乙庚
子庚巳乙乙虫
子月月壬 比年
子庚丙乙 皆
庚巳庚支 手運先
○甲子丙戊庚 丁虫
○甲子丙戊支 巳虫

## 比和

子丙巳巳
子丙巳子
子戊戊支

## 不合

甲戊甲子丙
○甲庚甲月壬
庚子庚乙巽
甲月戊甲甲 皆屯

## 比不甲月

丁丙月壬支 虽有两异月
乙壬乙丙 非甲月
乙庚甲壬 丙月多比
丁丙丙丙 异月十比
丁丙壬戊 虽有异月
丁甲巳壬 丙比丙月
○甲丙戊巳 丙月不和
甲丙丙庚乙 非甲月
○甲丙乙丙子 比多
甲丙月戊子 甲月比虫
○甲丙戊巳 比全月异
○甲丙戊庚乙 全月异月
丁月巳甲 比有异明
甲甲巳巳乙 月多比虫
丙月乙子 比同名双

## 欠禾

○甲庚丙丙丙 捌
甲庚丙庚庚 豆
○甲庚丙丁壬
甲壬戊巳巳 听木
甲壬丁戊乙 欠禾
○甲壬巳戊巳

## 比屯

○巳庚巳戊 有也非
○甲壬戊丙 多比甲
壬丙丁丁 甲
壬戊甲戊 丙
○壬月乙壬
壬戊丙丁 戊
壬戊庚巳 庚
壬戊乙壬 壬
甲壬乙甲壬 先后屯
○甲壬子丙丙 乾屯
甲壬丙丁丁 比非屯 屯甲
○甲壬丁戊巳
甲壬丁戊丁 二性
甲壬壬庚戊 比耗
甲戊戊丁丁 家耗因第
甲庚丙乙甲 比無益
甲庚丙庚乙 固然
○甲庚丙甲巳 比助火
甲庚戊丙庚 丁比壬屯
甲壬巳月甲 比艮甲死晉

### 甲比

甲庚戊子甲　獨
甲庚庚月壬　辰
甲庚戊丙　屈
甲庚乙丙乙　双親

### 丙比

甲丙丙丁戊　居次
巳甲壬巳　甲空
子巳丁戊　木
子丙月甲　甲火
甲壬壬子　欠禾
甲甲子戊乙　序先甲
甲壬月辛甲　全虫

### 戊比

辛巳巳戊　木
丁壬巳巳　戊虫
甲壬丙戊乙甲　水火
巳月壬甲　丙折
乙壬月丁　全月异姓
甲庚月子　迷甲
甲丙甲月足　甲虫
甲月戊甲丙　戊虫
甲壬戊甲甲　本
甲庚壬丙甲　君巢

子巳乙戊　獨也
子甲乙巳　不双
子丁甲月庚　少伴
子乙丙巳　孤飛
甲甲丁戊巳　异明
丁乙庚子　全虫
子甲丙子　折甲
壬戊月甲　异月
甲丙甲乙子　居甲
丁甲巳壬　异月
庚子庚乙　欠禾
乙甲戊乙　本
丁戊壬丙　本
子庚子丁　河東
甲庚乙子丙　折火
乙月戊丙　和
巳月壬甲　折丙
巳甲乙甲　甲入空
甲甲辛戊支　先折丙
丙甲乙乙　欠禾

庚丁月乙　原上
戊庚巳戊　大士
巳戊甲庚　分離
甲丙乙戊丁　山遠
甲甲戊庚戊　居丙
甲壬甲庚甲　甲虫
甲巳庚丁　禾
戊乙月甲　另開
甲庚辛丁壬　居丙
甲庚丁壬　甲虫
巳壬庚丙　丙折甲火
巳月庚庚　甲折
丁甲丁壬　各居
乙戊丙支　欠禾
甲丙庚巳戊　居甲
甲丙壬壬丁　丙
甲壬丙子甲　未
巳月壬巳　各離
甲甲辛丁戊　丙折
甲庚乙乙支　戊各姓
丁乙壬辛　比戊

甲庚丙乙甲　獨立
甲庚丙月壬　我一
丁月丙壬　虫自甲
甲庚丙辛戊　比丙
子戊庚巳　甲鳴甲傷
甲丁月巳　欠禾
甲壬壬乙支　甲火
巳庚甲子　双失
甲庚丙巳乙　本有原
甲壬辛辛支　君山米
甲壬戊巳支　各欠禾
巳巳月巳　丙虫
子壬戊乙甲　火丙水
甲戊乙月甲　甲折
乙丙丁丙　异月
甲壬巳甲丁　丙甲

## 庚比

- 丁壬月甲　木
- 辛巳辛戊　本
- 己甲乙壬　戊虫多不存
- 戊丙庚乙　甲斤
- 甲丙壬巳戊　居甲
- 子壬甲[illegible]乙　甲火
- 甲丙乙足　戊水
- （比庚丙虫

## 壬比

- 乙乙辛戊巳　戊虫
- 辛辛月戊　本
- 乙乙戊巳　戊虫
- 乙甲子子　甲斤
- 庚月戊支　甲斤離
- 乙辛丙辛　异月
- 甲丙巳庚丁　居丙
- 甲壬戊甲壬　异月
- 甲壬甲丙甲　戊虫

## 乙比

- 辛辛甲戊　本
- 乙壬丙丙　庚虫
- 巳甲辛丙　戊斤
- 甲丙庚壬壬　丙迷
- 辛子壬甲至
- 甲丙壬壬戊　丙迷

---

- 甲壬辛巳支　居山米
- 甲壬巳丙巳　甲非屯
- 戊甲辛巳　本
- 丁壬乙壬　甲折
- 乙甲戊巳　异月
- 甲庚庚庚　甲迷
- 甲丙乙丙庚　居丙
- 子丙甲巳　丙火

- 甲丙巳乙乙　居戊
- 戊庚月丙　本
- 戊丙庚支　丙虫
- 巳子巳甲　丙斤
- 巳甲巳壬　甲空
- 甲乙甲辛　不和
- 甲壬丙巳乙　居戊
- 甲甲戊巳戊　双胎
- 辛庚丙庚甲　甲虫

- 丁壬壬庚　甲空
- 甲乙月庚　壬虫
- 巳丙月丙　庚斤
- 甲乙壬支　甲空
- 甲壬辛丁壬　君山米
- 巳甲子庚　甲空

---

- 乙壬庚壬　甲屯
- 丁戊丁戊　甲虫
- 巳庚辛支　丙屯
- 戊戊月庚　各非
- 巳甲丁庚　甲空居戊
- 甲丙丁月庚　居務
- 巳庚庚丙　丙火
- 甲庚乙丁　甲折

- 丙戊丁乙甲　折戊
- 丁壬辛巳　甲虫
- 丁丙戊庚　壬虫
- 巳甲月甲　戊折
- 甲庚辛支　迷甲
- 庚丙丙甲　欠合
- 甲丙辛月乙　居庚
- 甲甲戊月戊　双水甲屯
- 甲戊乙戊乙　异月

- 戊月庚乙　丙虫
- 巳甲丁甲　甲斤
- 甲丙丙壬戊　合虫
- 戊丙戊丙　异月
- 甲戊丁乙丙　壬迷

---

- 甲庚辛辛　欠禾
- 丙丙壬丙　丙虫
- 巳壬壬甲　丙折甲空
- 戊丙庚戊　欠和
- 甲丙巳辛　全虫
- 甲丙丁壬乙　居未
- 甲丙月丁支　上下斤

- 丁丁庚戊　比壬
- 丙乙壬丙　丙虫
- 甲壬壬辛乙　全虫
- 戊壬丙壬　庚斤
- 甲丙戊巳戊　丙迷
- 甲丙巳月戊　居甲
- 甲丙辛丙壬　居未
- 甲壬辛辛乙　右山米

- 乙巳壬巳　戊虫
- 巳甲巳戊　丙斤
- 丁辛壬壬　甲迷
- 乙月丁庚　欠和
- 甲戊丁丙戊　戊来
- 丙甲巳戊　丙士　欠禾
- 戊乙壬丁　居月

## 丁比

己丙壬丙　甲米

辛辛丙戊　本
己丙丙乙　庚虫
己丙月壬　甲斤
己丙壬丙　迷甲
甲壬丙乙己　比賤

甲丙壬庚戊　丙米
甲乙戊戊　甲虫
甲丙戊辛乙　壬虫
己丙甲辛　丙斤
甲丙丁丁庚　丙米
戊戊辛乙　异月
甲庚月壬戊　乙折

甲壬庚甲庚　壬斤
丙戊日辛　丙虫
甲丙丁庚戊　乙虫
己丙丙戊　戊析
丁辛乙己　甲空
甲壬壬壬丙　三屯
甲壬己甲辛　君山米

甲壬丙丁丙　乙折
甲丙戊辛乙　壬甲虫
甲壬月丙　戊虫
甲丙乙丁丁　全虫
己丙戊丙　庚斤
甲壬乙乙己　欠和
甲壬壬戊壬　庚米

## 己比

辛辛戊戊　本
甲戊庚乙支　庚虫
丁丁月戊　甲米
乙乙月辛　欠禾
甲甲辛丁丁　本

甲丙壬己庚　甲米
丙辛丙壬　甲虫
甲戊壬壬壬　壬虫
甲丙壬丁乙　丙米
甲辛庚乙　异月
甲辛庚支　中斤

甲甲己甲乙　己比
戊丙甲己　丙虫
己月庚己　甲斤
己丁月庚　各刷
甲甲己庚戊　比木
甲壬己丙甲　君山米

甲戊月丁丁　戊虫
己月乙丙　丙斤
戊庚丁丁　中斤
甲壬丙己丁　丁折

## 辛比

辛辛庚戊　本
戊庚月丁　壬虫
甲戊子丙甲　全虫
丙壬乙支　欠和
甲甲辛辛戊　甲米

丙甲辛支　甲虫
甲戊丁己甲　乙虫
甲壬丁庚丙　甲米
乙壬庚戊　中斤
甲壬己戊支　君山米

丙己丁己　戊虫
甲戊己日甲　丁虫
甲壬壬戊乙　丙米
乙戊子庚　异月
甲丙辛戊壬　丙米

丙丁甲乙　庚虫
甲壬己辛　中斤
甲壬甲己　各不同
甲丙己戊丁　甲米
甲丙乙庚丁　甲虫

## 癸比

子子壬戊　本
甲子乙支　欠和
甲壬己庚壬　君山米

己戊月己　甲虫
壬戊丁支　占中斤

丁庚戊甲　中斤
丁庚庚庚　另欠

乙子丙乙　异月
甲丙乙壬丁　有迷

癸甲叱
子子乙戊
叱離
子巳月戊
叱具入空
壬壬庚庚
木納音卦爻
甲戊壬甲乙
甲戊乙乙戊
甲戊丁月甲
甲戊乙丁壬
甲戊乙巳戊
戊甲丁丙
再异木内
甲甲壬丙支
甲甲壬丁支
甲甲壬巳甲
木各内
甲戊壬月庚
丁辛丁壬
丁巳乙巳
丁巳乙戊

癸丙叱
子子丁戊
子戊乙子
外禺叱
甲壬甲巳丙
納丙爻
甲戊壬丙壬
巳戊子巳
中木爻
壬戊丙壬
巳月乙丁
巳戊壬巳
硬爻
丁壬庚戊
丁戊庚乙
木皆冬支
乙戊月乙
戊戊巳戊

甲丙叱
丙戊戊庚
子丁月丙
叱天
甲庚巳丁乙
甲庚巳壬戊
甲庚巳丙巳
甲甲子甲丁 后匹百年
巳子巳庚
甲壬壬庚丁
甲丙子庚
甲乙丙丙
丁壬丁支
甲乙乙丙丁
庚月巳戊
巳丙丁壬

叱多乙虫
甲丙戊庚支
乙乙庚戊 叱兄非屯
甲甲丁甲丁 台匹
甲庚壬庚巳
甲壬丙丁子
甲月巳月丙
甲庚庚辛巳
甲庚庚戊巳
甲巳月巳
甲乙庚丁
巳丙丁丙
甲庚壬巳庚
甲辛庚壬

屯丙木卦

丙乙壬甲
甲丙甲子壬

未木卦

丙巳月辛
庚月巳支
甲丙戊丁乙
丁庚丙支
丙巳庚巳

多木屯内交

甲丙巳丁壬戌
甲甲巳壬戌
甲月壬甲寅
丙辛庚支

木空内爻

甲戊壬子甲
甲戊壬丙丙
乙丁乙巳

再木交

甲戊甲壬甲
甲庚庚丙
甲庚乙甲甲
甲戊巳壬戊
甲戊月庚丁
巳甲巳丁
甲乙丙甲
甲壬戊乙甲
甲戊甲丁支
庚乙巳丙
巳甲乙巳
巳巳丁巳
巳丁月甲
巳乙庚巳
巳甲子子
丁子丁辛
甲戊戊甲支
甲庚子子甲
甲庚丙丙壬

兑木交

甲戊巳巳壬　丙
甲壬庚月甲　戊
壬甲壬巳　庚
甲戊乙庚甲
甲壬壬丙壬
甲庚甲甲庚　庚
甲戊庚甲壬　庚
丁子甲巳

木多艮少

甲甲丁丁丁
甲甲丁乙戊
甲壬丙庚庚

丙木各艮

壬戊乙甲　甲
壬丙巳甲　丙
壬乙甲庚
壬戊甲丁　戊
壬戊戊支　庚
壬戊乙子　壬

丙木虚甲月

壬戊巳支　一元丙艮
壬戊巳子　一元戊
壬戊子丁　一元庚
壬庚戊乙　一甲丙
壬庚乙壬　一甲戊
壬壬甲交　一甲庚
壬壬戊支　一壬甲
壬壬丙甲　一戊丙
壬壬庚甲　一庚丙
壬壬乙庚　一壬丙
壬壬子乙　一庚丙
壬巳子支　一壬庚
壬壬巳支　一戊壬
壬乙庚支　一庚壬
甲甲月丙支　丙亥甲艮
甲壬戊月子　丙木丙艮
甲壬壬戊巳　丙木巳艮
巳甲庚巳
甲壬辛丁庚

## 名妄內卦

甲丙乙戊乙
甲月丁戊己
甲甲乙丙乙
甲戊甲甲甲
甲戊甲戊甲
甲戊甲庚支
甲戊丙丁子
甲戊戊庚甲
甲戊庚壬甲

## 妄屯卦

甲壬甲月戊
甲壬丙庚丁
甲壬庚戊支

## 木妄艮內爻

丙月戊辛
甲月丁庚庚
甲戊戊甲乙
甲甲丁月戊
丙辛戊庚
丁丁甲壬

## 木下卦交通

辛月甲丙 仝
辛月丙丙 甲
辛月戊丙 丙
辛月庚丙 戊
辛月壬丙 庚
辛月乙丙 壬
辛月丁丙 乙
辛月己丙 丁
辛月壬丙 己
辛甲月丙 辛
辛甲甲丙 癸
辛甲丙丙 甲
辛甲戊丙 丙
辛甲庚丙 戊
辛甲壬丙 庚

## 木下卦

按辛甲壬丙

辛甲乙丙 壬
辛甲丁丙 乙
辛甲己丙 丁
辛甲子丙 己
辛丙月丙 辛
辛丙甲丙 癸
辛丙丙丙 甲
辛丙戊丙 丙
辛丙庚丙 戊
辛丙壬丙 庚
甲戊月丙庚 壬
甲戊戊庚戊 乙
甲戊戊壬戊 丁
甲戊丙乙戊 己
甲戊丙丁丁 辛
甲戊戊月庚 癸

## 木上卦交通

辛丁乙甲 甲
辛丁丁甲 丙
辛丁己甲 戊
辛丁辛甲 庚
辛巳月甲 壬
辛巳甲甲 乙
辛巳丙甲 丁
辛巳戊甲 己
辛巳庚甲 辛
辛巳壬甲 癸
辛巳乙甲 甲
辛巳丁甲 丙
辛巳己甲 戊
辛巳辛甲 庚
辛辛月甲 壬
辛辛甲甲 乙
辛辛丙甲 丁
辛辛戊甲 己
辛辛庚甲 辛
辛辛壬甲 癸丙爻

木局卦文通

甲丙庚乙壬子
甲丙庚丁丁丑
甲丙壬巳乙寅
甲丙壬戊丁卯
甲丙壬壬乙辰
甲丙乙甲支巳
甲丙乙乙庚午
甲丙丁月戊未
甲丙丁丙丁申
甲丙丁乙丁酉
甲丙巳甲庚戌
甲丙巳庚戊亥

再木局卦通

甲戊乙甲丁子
甲戊乙乙辛丑
甲戊庚月辛寅
甲戊庚甲庚卯
甲戊丁壬丙辰
甲戊子甲巳巳
甲戊癸子壬支午
甲戊壬巳壬未

木艮文

庚子庚庚
甲庚巳子子
甲庚月戊丙
甲庚壬月丁
甲庚壬乙庚
甲庚月庚庚
甲庚乙乙子
甲庚巳月丙
甲庚乙月月
甲庚乙子甲
甲庚壬巳子
甲庚巳甲丙
甲庚丙丁子
甲庚戊子乙
甲庚于子壬
甲庚乙壬子
甲庚乙月壬
甲庚月丙甲
甲庚戊子庚

接木艮文

甲庚辛月戊
甲庚丙戊子
甲庚庚丁乙
甲庚丙丁丙
甲庚丙乙乙
甲庚丙子丁
甲庚戊丙戊
甲庚庚辛戊
甲庚壬庚庚庚
甲壬庚乙庚
甲壬甲戊子
甲壬甲庚戊
甲壬戊庚壬
甲壬甲乙戊
甲壬戊乙甲
甲壬丁辛辛

木全庚

甲庚壬戊巳
戊生
甲丙壬乙丙
甲庚壬巳庚
不刑
甲壬辛戊戊

匹木旬

乙丁庚辛 丙余
乙丁壬庚 戊余
乙丁丁丙 庚余
乙丁辛庚 壬余

斷和酉匹旬

乙庚戊巳丙余
乙庚壬辛戊余
乙庚丁乙庚余
乙壬甲庚壬余

刑木旬

壬戊巳戊 甲余
壬壬乙戊 丙余
壬乙丙巳 戊余
壬乙乙巳 庚余
壬丁月巳 壬余
壬丁庚巳 乙余

甲戊庚壬丁申
甲戊庚壬支酉
甲戊庚丙甲戌
甲戊庚月戌亥

甲丙戊壬

## 丙木辰宜通文

子巳甲巳子
子巳丙巳丑
子巳戊巳寅
子巳庚巳卯
子巳壬巳辰
子巳乙巳巳
子巳丁巳午
子巳巳巳未
子巳子巳申
子子月巳酉
子子甲巳戌
子子丙巳亥

## 戊木辰宜通文

甲月乙丙丙子
甲月乙戊丙丑
甲月乙庚丙寅
甲月乙壬丙卯

## 刑木文

戊戊甲戊
丁甲乙子
丁丙月壬
丁戊丙丁
丁月丙子
丁月庚壬
丁月巳壬
丁甲丙壬
丁丙丙乙
丁丙庚壬
丁戊月戊
丁戊丁辛
丁庚甲辛
壬甲壬巳

## 無迎文

甲丙子甲庚
甲丙壬甲戊
甲戊月丙乙
甲庚壬庚丁
甲庚壬乙丁
甲庚壬辛支
甲戊巳乙甲

## 取再昏文

丁戊甲甲
丁戊戊甲
丁戊巳庚乙
甲壬辛巳庚

## 木各屯卦

甲戊甲戊丁
甲戊庚戊壬
甲戊甲庚
巳月戊巳
巳巳甲辛
丁甲丙丙
丁丙乙庚
巳丙巳乙
子丁丙丁
壬丁丁巳
甲壬戊壬支
甲壬戊庚巳
甲戊月甲甲
甲戊丁丙子
丁戊丙戊巳
甲戊甲庚
子丁丙丁
甲壬戊庚子
辛庚甲甲

## 丙木宮

甲戊壬巳辛
甲戊壬乙乙

## 接木各屯卦

庚辛丁庚
在后甲辛丙子

丙辛庚支
辛庚巳丙
戊辛乙壬
甲巳壬辛
巳甲戊乙
庚月乙子
庚乙甲戊
甲戊子丁
甲戊甲乙乙
甲壬戊乙甲
甲戊月戊乙
甲戊丙甲丁
戊
甲辰月丙丁
甲丙巳戊戊
甲戊戊甲甲
丁子乙支
巳巳庚戊
甲庚乙丁
甲乙乙甲
甲庚戊壬丙

甲月乙乙丙辰
甲月乙丁丙巳
甲月乙巳丙午
甲月乙子丙未
甲月丁月丙申
甲月丁甲丙酉
甲月丁丙丙戌
甲月丁戊丙亥

## 庚木係宜遁文

甲月丁乙庚子
甲月丁丁庚丑
甲月丁巳庚寅
甲月丁子庚卯
甲月己月庚辰
甲月己甲庚巳
甲月乙丙庚午
甲月巳戊庚未
甲月巳庚庚申
甲月巳壬庚酉
甲月巳乙庚戌
甲月巳丁庚亥

甲丙丁乙戊 庚木水

## 妄木交

甲壬巳丙丁
甲壬戊丙子
甲庚壬月庚
甲庚戊乙巳
巳月戊子
庚丙丙丙
丁戊丁乙
乙甲壬乙
庚月壬丁
甲壬庚巳
丙丁月丁
巳丙庚巳
丁甲庚乙
庚乙巳甲
甲庚月庚壬
甲壬丙甲子
甲巳甲乙
庚乙丁子
丁丙丙壬

甲丙壬戊戊 明木忠全
甲壬壬巳辛木屯

## 木雜卦

甲戊子丙戊
甲戊子丙庚
丁乙丙乙
甲戊巳壬乙
甲戊子丙
甲戊巳乙子
甲戊巳子庚
甲戊巳丁庚
甲戊巳丁甲
庚丙甲巳
甲丙甲戊
甲戊子戊壬
甲丙丁乙
丙巳丙戊
甲戊巳壬支
丙甲丙巳
庚丙巳壬
子甲丁壬
甲壬子壬乙
壬戊丙壬
甲壬月乙支

甲丙乙丙丁 日木屯
甲甲巳月足 制中取木

## 接木雜卦

丁月壬壬
庚甲丙丙
子月月甲
庚壬庚甲
子巳壬戊
丙壬巳丙
甲戊子丙丁
甲戊子戊丙
甲戊庚丁丁
甲月庚子
戊丙月壬
乙子庚乙
戊丙丙丁
甲甲庚辛
丁庚戊支
壬庚壬乙
甲壬辛月庚
甲壬丁子支
甲戊戊丁甲
甲壬子巳丙
甲庚子壬辛
甲月丁庚丙
甲庚辛巳庚
甲壬巳乙巳 匹公主
甲壬子丁戊 二妻
甲戊巳庚丙 貴木死良
甲戊丁甲巳 明屯

### 某木宜爻

甲壬丁壬辛 子
壬乙子甲 丑
壬戊乙巳 寅
壬戊甲壬 卯
壬丙巳壬 辰
壬甲子庚 巳
壬甲丙文 午
丁戊戊巳 未
甲壬甲壬戊 申
丙戊子丙 酉
丙丁月子 戌
甲壬丁[illegible]戊 亥

### 屯木内卦

甲庚戊乙戊
丁辛辛巳
甲戊壬丙丙
甲壬庚丁壬

### 某木不宜爻

甲月乙丙庚 子
甲月乙戊庚 丑
甲月乙庚庚 寅
甲月乙壬庚 卯
甲月乙乙庚 辰
甲月乙丁庚 巳
甲月乙巳庚 午
甲月乙辛庚 未
甲月丁月庚 申
甲月丁甲庚 酉
甲月丁丙庚 戌
甲月丁戊庚 亥

接屯木内卦

甲壬甲乙庚
甲庚戊辛巳
甲戊戊巳
甲庚巳巳丙

### 招妄卦

甲丙甲丁支 子
甲丙丙丁支 丑
甲丙戊丁支 寅
甲丙庚庚丁 卯
甲丙壬甲支 辰
甲丙壬丁支 巳
甲丙壬子乙 午
甲丙乙甲庚 未
甲丙乙壬支 申
甲丙乙辛丁 酉
甲丙巳月乙庚 戌
甲丙巳巳乙 亥

### 艮離爻

甲戊乙月戊
甲庚月壬辛
甲庚丙乙乙
甲庚壬庚辛壬

### 妄辰爻

甲戊月巳[illegible] 子
甲戊月巳子 丑
甲戊月子乙 寅
甲戊甲月丁 卯
甲戊庚丁壬 辰
甲戊甲戊巳 巳
甲戊甲乙子 午
甲戊辛巳壬 未
甲戊庚甲甲 申
甲戊庚丙巳 酉
甲戊庚戊壬 戌
甲戊庚庚丁 亥

艮卦分內

庚丁戊辛
甲甲庚辛己
甲月庚辛壬

艮兑度卦合內

丁壬月甲庚
丁己月辛 甲
丙月月甲 丙
丙辛戊戊 戊
丁丁壬辛 庚
丁丁庚丁 壬
丁丁月乙 乙
甲月丁丙己 丁
己辛甲辛 己
丁辛辛乙 辛
丁辛庚辛 癸
丁己辛壬 癸甲
丙月乙己 丙
丁己戊戊 戊
丙丙庚支 庚
甲壬丁庚乙 壬
甲庚丙甲戊 癸庚
丙乙月壬

分艮定虫支

甲戊辛己己 甲甲
甲戊辛己乙 丙甲
甲戊庚乙己 丙丙
甲戊庚丁支 戊甲
甲戊丙丙己 戊丙
甲戊庚戊支 戊戊
甲戊庚丙壬 庚甲
甲戊戊己子 庚丙
甲戊庚曰己 庚戊
甲戊乙庚丁 庚庚
甲戊乙壬支 壬甲
甲戊乙戊壬 壬丙
甲戊乙丙辛 壬戊
甲戊庚己己 壬庚
甲戊庚丁己 壬壬
甲戊庚乙庚 乙甲
甲戊壬月己 乙丙
甲戊辛丙乙 乙戊
甲戊辛庚己 乙庚
甲戊甲己乙 甲甲
甲壬月己丙 甲虫戕

接分艮來

甲戊辛乙乙 乙壬
甲戊辛丁乙 乙乙
甲戊辛辛己 丁甲
甲戊辛丁丙 丁丙
甲戊辛壬乙 丁戊
甲戊辛丙支 丁庚
甲戊辛甲戊 丁壬
甲戊己辛辛 丁乙
甲戊己己辛 丁丁
甲戊己月辛 己甲
甲戊丁己乙 己丙
甲戊丁己支 己戊
甲戊丁壬壬 己庚
甲戊丁戊支 己壬
甲戊乙己辛 乙乙
甲戊乙乙己 己丁
甲戊乙戊己 己己
甲戊壬辛辛 辛甲
甲戊壬戊丁 辛丙
甲戊壬丙甲 辛戊
甲戊庚辛甲 辛乙

接分艮來

甲戊庚庚己 辛庚
甲戊庚月丙 辛壬
甲戊甲辛甲 辛乙
甲戊甲月支 辛丁
甲戊月辛支 辛己
甲戊月丁辛 辛辛
甲戊丙庚支 癸乙
甲戊月丁支 癸甲
甲戊月乙戊 癸丙
甲戊月壬支 癸戊
甲戊戊辛甲 癸庚
甲戊庚辛戊 癸壬
甲戊庚辛丁 癸丁
甲戊壬甲壬 癸己
甲戊壬丁支 癸辛
甲戊壬己丁 癸癸

艮旱屯卦

甲壬子月己金
甲壬己丁丁木
甲壬己丁庚水
甲壬甲辛庚火
甲壬丙月壬土

## 艮損卦內

甲戊丁月丙戊
甲戊丁甲丁庚
甲戊月丙壬壬
甲戊月乙支乙
甲戊甲丁辛丁
甲戊甲丁壬己
甲戊戊己壬辛
甲戊丙辛支癸
甲戊辛辛己甲
甲戊壬庚辛丙
甲戊庚己戊戊
甲戊庚辛辛庚

## 艮半內卦

甲月己壬己
甲甲壬辛庚
甲甲乙戊戊
甲丙戊甲戊
甲戊甲己丁
甲庚庚乙庚
己月己丙
己月己子

## 初冬得艮爻

戊甲戊乙
丁庚丙甲
甲庚壬壬甲
甲壬庚庚丁
甲庚月戊丙
甲庚庚庚己
甲壬庚庚子
甲月乙戊
丙庚乙丁
甲丁戊庚
庚乙己子
丙丁壬甲
甲壬丙壬
甲壬壬乙
戊丁辛乙
壬壬庚子
甲丁己庚支
丁甲戊己
戊子月足
甲壬己庚庚
己月丙支壬

## 艮中爻

辛子月丁
甲月己子支
甲丁戊壬
子壬丁己
甲丁戊子
丁己己丙
子壬乙丙
甲月壬丁庚
丁戊己庚
子壬丁甲
戊己乙丙
甲月壬甲乙
壬丙己乙
子乙己丁
子乙乙丁
甲丙丁庚
丁丙丁己
丁丁壬丁
子壬甲
甲壬辛己壬
庚子庚壬
戊甲壬戊
戊子月丙
戊丁丙支
戊丁月丙
戊己丁己

伯仲叔季少

## 自艮全中爻

乙壬丁戊
子壬丁丙
子甲丁丁
壬月壬丙

## 生艮通爻

甲月丁壬庚
甲月丁甲己
甲月丁丙乙
甲月丁戊壬
甲月丁庚己
甲月丁庚丙
丁戊甲壬
甲壬辛月甲
己辛己庚

艮虫卦
甲辛丙乙
甲丙戊庚戊
甲丙戊戊
甲甲丁月壬
甲甲丁庚乙
甲甲丁甲巳
甲壬巳辛甲支
丁巳丙支

雙艮卦
丁巳甲戊
丁乙巳辛
丙辛戊辛
甲戊戊戊甲
甲壬巳壬丁
甲丙庚丁丙
甲丙甲甲辛
甲戊戊壬甲
甲庚甲戊辛

先陰卦
丙丙丁壬
甲庚月丁支

艮宮火爻
乙戊甲巳
丁壬子乙
乙子月子
丙庚甲戊
乙巳乙甲

自水艮虫爻
甲甲月戊巳
甲甲壬丙丙
庚乙丙子
甲壬戊巳乙

初艮損爻
辛月辛壬
丁戊戊子
丁戊壬支
辛月乙巳
巳甲乙子
甲丙戊壬
子戊庚丙
壬戊丙辛
巳巳辛乙
丙庚巳丁

空艮爻
甲壬丙戊辛
辛甲甲巳
庚巳庚巳
庚乙甲辛
庚乙戊巳
丙月丙巳
丙戊丁辛
丁庚月戊
丁辛巳戊
壬甲月壬
甲壬辛壬
巳壬月庚
巳辛巳月
丙辛壬丙
辛月辛巳

艮局度
甲丙甲巳支　子
甲丙庚戊丙　丑
甲甲乙庚庚　寅
甲甲丁庚支　卯
丙旬艮爻
壬壬庚子

接艮局爻
甲甲壬辛壬　辰
甲戊月月庚　巳
甲戊月甲子　午
甲壬丁月乙　未
甲甲甲乙支　申
甲壬乙壬支　酉
甲戊月壬甲　戌
甲丙戊丁丁　亥

艮难老爻屯肖
甲甲月甲壬　子
甲甲月丙壬　丑
甲甲月戊壬　寅
甲甲月庚壬　卯
甲甲月壬壬　辰
甲甲月乙壬　巳
甲甲月丁壬　午
甲甲月巳壬　未
甲甲月辛壬　申
甲甲甲月壬　酉
甲甲甲甲壬　戌
甲甲甲丙壬　亥

## 艮屯卦

甲丙甲甲丁壬
甲甲甲庚支
丁辛辛辛
甲月辛巳
甲庚丁戊 丙戊
甲戊庚辛乙
甲戊乙壬丙
甲戊丙巳戊
乙辛辛戊
乙辛辛辛
丁壬巳乙
丁丁月庚
甲戊丙庚巳
甲壬月乙甲

艮屯

甲壬丙甲支 戊甲屯
甲壬丙巳支 丙甲屯

## 名迷艮卦

甲壬丙辛巳
甲甲甲甲巳
甲庚庚乙辛
甲甲壬巳乙
丙巳甲壬

## 艮米文

甲丙巳壬乙
壬甲辛丙
乙巳巳支
戊丙丙壬
乙戊庚庚
甲丙乙戊丁
巳巳丁丙
丙月壬寅
甲戊壬庚乙
壬甲月丁
丙乙月壬甲
戊戊甲庚
戊壬戊庚
乙丁丁丁
甲庚丁戊乙
甲壬乙月子
甲壬月庚戊
乙乙巳庚
甲甲辛壬乙

## 名艮出文

巳丙戊壬
巳丙丁丁
甲乙丙乙
壬甲巳戊
丁辛戊庚
壬月甲丁
庚巳庚庚
巳戊丁巳
巳辛丙丙
戊丁庚乙
壬月巳丁
甲戊月巳庚
甲戊甲乙丙
甲戊壬巳乙
甲庚壬巳丁
甲壬壬壬丁
甲壬壬丁文
甲甲巳丁支

## 雙艮宮文

甲戊甲戊辛
丙月乙辛
甲丙甲子巳
丁丁戊支
丁中乙壬
甲丙月丁
巳甲巳庚
甲戊甲巳丙

甲壬乙子丁
甲丙辛壬庚
乙巳戊巳
甲壬巳庚中
甲壬巳壬文

## 先陰后陽文

壬戊乙支
甲戊丙巳
丁丁丙乙
丙丁月戊

## 止陰文

丁戊庚甲
丁月丁辛
丁甲丁辛
丁甲戊辛
壬丙庚庚

## 艮屯通文文

甲庚月甲庚 甲屯
甲庚月丙庚 丙屯
甲庚月戊丁 戊屯
甲庚月庚丁 庚屯
甲庚月壬乙 壬屯

## 火後艮屯

甲庚乙丁庚
甲庚乙巳丙

寞艮卦

丁丁丙支
甲甲乙月壬

泰系卦

甲甲乙丙壬
甲壬丙乙丁

艮山米卦

甲庚巳乙乙
甲庚巳巳巳
甲庚巳巳庚
甲庚巳巳戊
甲庚巳壬壬

世系虫宮

甲庚月甲乙
甲壬庚甲丙
甲壬庚庚乙

艮屯交

甲庚庚戊丁水
甲庚乙壬甲火
甲壬壬丁乙木
甲壬壬乙戊金
甲丙壬庚丙支土

艮系文

甲戊甲巳庚
甲戊丙庚甲
庚乙庚辛
甲丁戊辛
甲戊丙丁丙
甲丙月辛
辛甲丙巳
甲戊戊月丁
甲壬丙丙甲
甲庚戊壬庚
乙戊丁支
甲甲乙丙庚
甲戊丙丙支
甲戊戊壬巳
甲戊戊乙庚
乙辛乙乙
甲庚壬巳壬
甲戊乙甲甲
甲壬庚丙支巳

衆艮分虫文

甲丁甲戊 甲
甲丙月戊戊 丙
甲丙丙壬支 戊
甲丙丙乙壬 庚
甲丙戊庚支 壬
甲丙戊月戊 乙
甲丙戊乙乙 丁
甲丙庚月丁 巳
甲丙庚庚戊 辛
甲丙庚辛支 癸

艮案文

甲月壬戊乙
巳巳丙壬
甲壬庚丁
壬丙丁辛
戊甲庚壬
乙丙丁乙
甲子乙丙支
甲戊壬壬乙
甲壬月乙丙

甲庚戊庚戊
甲庚戊壬巳
甲庚庚甲壬
甲庚庚丙庚
甲庚庚丁乙
甲庚庚巳乙
甲庚庚子庚
甲庚壬甲庚
甲庚壬庚戊
甲壬庚乙戊
甲庚甲戊子
甲壬丙甲丙
甲戊戊巳丙
甲壬丙壬壬
甲壬甲丁甲
甲壬甲乙戊
甲壬庚庚庚
甲壬戊戊壬
甲庚乙甲支
甲庚壬壬丁
甲庚壬子戊
甲戊庚甲巳
甲戊壬戊巳
甲月乙丙

甲艮爻

甲月辛丁
辛戊辛丁
辛甲壬丁
己戊戊丁
丁月辛丁
甲丁己戊
丙壬子爻
甲庚庚庚
甲月戊丙辛

丙艮爻

甲月戊甲壬
己丙壬甲
己庚庚辛
甲庚壬己丁
甲庚甲己子
甲壬壬丁爻
壬丙壬己
甲乙甲丁
甲月庚甲丙
甲月庚丙丙
甲月庚戊丙
甲月戊甲戊
乙辛月丁
甲壬己壬甲

戊艮爻

甲庚甲子二
己丙庚乙
己月庚甲
乙己子乙
甲壬庚庚壬
甲庚甲戊己
壬甲己庚

庚艮爻

戊丁辛己
己戊子丁
壬庚甲戊
甲戊月丙戊
己戊壬壬
甲壬庚甲

壬爻

乙己己乙
己月甲甲
壬乙月子
壬丁庚庚
辛月子壬
甲壬乙乙戊
甲壬乙乙
甲戊丙乙丙

乙爻

甲甲乙己乙
壬乙己戊
壬戊乙乙

丁爻

乙己乙庚
甲甲丁丙己
乙月己戊
甲庚月庚戊

己爻

乙己庚丙
甲甲己月丁
丁乙戊己

辛爻

乙己甲子
甲甲己乙己
丁月甲己

癸爻

一丁乙庚甲
丁戊己戊
丁戊壬壬

亢艮亢冬爻

甲月戊丁丙　丙甲
甲月戊辛丙　戊丙
甲月庚月丙　庚甲
甲月庚庚丙　庚艮戊冬
甲月庚壬丙　壬戊
甲月庚乙丙　乙戊
甲月庚丁丙　壬艮庚冬
甲月庚己丙　乙庚
甲月庚辛丙　丁庚
甲月壬月足　己庚
甲月壬月丙　乙艮庚冬
甲月壬甲丙　丁壬
甲月壬丙丙　己壬
甲戊壬戊己　庚戊冬
甲月壬庚丙　子壬
甲月壬戊丙　丁艮乙冬
甲月壬庚丙　辛乙
丁庚甲己　丁乙
甲壬甲月丙　癸艮丁冬
甲壬壬子戊　乙丙冬
甲壬庚己丙　乙艮甲冬
甲壬乙戊乙　丁甲冬
甲壬己甲己　戊甲冬

## 分艮先交

甲甲巳庚巳　戊先丙
甲甲巳壬巳　壬先庚
甲甲巳巳巳　丁先乙
甲甲巳辛巳　巳先丁
甲丙庚月戊巳　癸先巳

## 金上交

辛丙子壬　仝
辛戊月壬　甲
辛戊甲壬　丙
辛戊丙壬　戊
辛戊戊壬　庚
辛戊庚壬　壬
辛戊壬壬　乙
辛戊乙壬　丁
辛戊丁壬　己
辛戊己壬　辛
辛戊子壬　癸
辛庚月壬　癸甲
辛庚甲壬　丙
辛庚丙壬　戊
辛庚戊壬　庚
辛庚庚壬　癸壬

甲丙庚足足　丁先乙
甲丙庚庚支　有巳先丁
甲甲巳丙丁　甲艮出
甲丙甲庚辛　庚先丙
甲丙丙壬乙　乙先庚
甲丙戊壬乙　巳先乙
甲甲辛丙戊　癸先辛

## 接金上文

辛庚壬壬　乙
辛庚乙壬　丁
辛庚丁壬　巳
辛庚己壬　辛
辛庚辛壬　丙癸
辛庚月壬　丙甲
辛壬甲壬　丙
辛壬丙壬　戊
辛壬戊壬　庚
辛壬庚壬　壬
辛壬壬壬　乙
辛壬乙壬　丁
辛壬丁壬　己
辛壬己壬　辛
辛壬子壬　戊癸

甲丙庚乙支　有辛先丁
甲甲巳丙巳　丙先甲
甲甲巳辛巳　巳丁
甲甲巳丁巳　乙先壬
甲丙戊巳丁　辛先丁
甲壬丁丙丙　乙艮甲

## 金下交

辛月甲丙　仝
辛月甲丁　甲
辛月丙丁　丙
辛月戊丁　戊
辛月庚丁　庚
辛月壬丁　壬
辛月乙丁　乙
辛月丁丁　丁
辛月己丁　己
辛月辛丁　辛
辛甲月丁　癸
辛甲甲丁　癸甲
辛甲丙丁　丙
辛甲戊丁　戊
辛甲庚丁　庚

甲丙己乙丁己
甲甲丁辛乙　癸丙

甲丙庚巳支　辛先巳
甲丙甲月足　戊先甲
甲丙甲乙壬　壬先戊
甲丙丙巳支　丁先壬
甲甲辛甲巳　辛先巳

## 接金下交

甲戊戊甲戊　癸壬
甲戊月庚壬　乙
甲戊月壬庚　丁
甲戊甲甲丁　己
甲戊甲甲月己　辛
甲戊丙庚壬　丙支
辛月月丁　丙甲
甲丙乙乙乙　金十六

## 金艮合納卦

丁丁丁己
乙丁乙庚
庚丁庚乙

### 金納

甲戊壬壬丁 水
甲戊壬丁丁 火
甲戊壬庚丁 木
甲戊壬丙辛 金
甲戊壬子丁 土

### 名金卦

丙丁戊戊
丁辛巳甲
丁辛丁支
丁辛甲乙
壬甲月辛
丁辛丙甲
丁辛壬甲
丁辛丁足
丁丁乙支
己戊乙子

## 金虫宮爻

甲乙丁辛
巳辛壬辛
甲戊巳辛支
乙庚月丙
甲丙戊甲北
丁乙丁辛
甲戊庚丁
壬丙庚庚
甲戊庚丁庚
己壬庚戊
甲戊庚丁甲
巳丙丁甲

### 銀虫交

甲戊庚丁乙
甲乙丙乙乙
乙庚丁巳
戊乙丁丙
戊丁甲巳

## 接銀虫文

戊乙辛戊
巳丙壬辛
丁丁丁戊
壬巳丁戊

### 艮虫文

乙乙丙戊
巳丙丙支
戊丁丙戊

### 銀虫

丙甲戊支
壬甲丙庚
乙壬甲甲
丁甲戊支
丁月壬丁
丁巳庚戊
丁壬辛丙
巳丙月辛
甲戊戊甲巳
壬丙辛文

## 助金火文

巳丙月巳
辛壬庚丁
巳丙丁壬
戊丁戊巳
壬月辛丁
戊丁戊丙
戊巳月辛
巳辛壬庚
丁巳戊甲
庚月壬壬
壬辛辛甲
甲戊月月丁

丁巳丁庚
丁巳巳文
丁丁甲丁
巳庚巳文
巳戊月足
辛丁丙文
辛乙辛巳
辛丁月定
丙甲庚文
壬月丙文
甲戊乙庚巳
甲戊月巳甲

先后金

甲戊庚庚文
戊丁甲戊
丙丁甲壬

坤明

丁丁巳壬
甲戊庚戊

金屯

甲月甲丙戊
丙月庚丁

丙庚丁庚
戊丁戊丁
戊丁庚辛
甲戊壬戊
戊丁庚丁

艮火文

丁壬月丙
甲壬庚甲

金旺火文

巳戊月庚
巳丙月辛
巳丙乙丁
辛甲丙巳
丁月巳巳
庚丙月巳
巳丙月戊

受告文

庚丙丙庚
甲壬辛文
戊壬子乙
庚辛丁庚
庚辛巳乙
甲壬庚巳支
戊乙甲丙

美文

丙丙丁支
戊丁壬庚
戊丁乙壬
戊丁丁巳
戊丙甲巳

處姤泰文

乙丙丁巳
乙戊巳戊
乙壬巳丙
丁甲丁文
巳巳辛庚
巳丙甲庚

姥

甲庚辛戊乙

先運後老

甲庚丁子巳
甲庚巳丙乙

姤米文

甲壬月月壬
甲壬甲壬支
甲月壬甲支
甲壬甲丙支壬

## 坤比卦

丁己甲甲　甲
己辛甲庚　丙
甲月丁戊乙　戊
甲甲甲壬辛　庚
甲甲甲乙辛庚　壬
丁辛己支　乙
戊月丙辛　丁
甲甲己戊丙　己
甲甲甲己乙　辛
甲丙辛辛庚　癸
甲甲辛丁丙　甲
甲月己辛甲乙　丙
甲月丁丁壬　戊
甲月乙甲己　庚
甲壬月辛支　癸
甲月壬戊庚
甲丙丁月乙

### 金肖子

甲丙辛辛丁　子
甲丙辛丁支　丑
甲丙子戊丁　寅

## 姤否

乙丙己甲

### 金齊

辛丁月甲

### 金水

壬甲己壬
己己戊甲

### 金屯

甲丙戊丁戊

### 金甲屯

丙丙甲丁
子丁戊丁

### 守宮

丙甲戊戊
乙月月丙
甲戊月己：

### 附金戊

甲戊庚己甲
丁丁乙甲、

己辛月足

### 共白

乙戊乙月
丁丙月庚
甲戊丙丙丙
壬戊丁丙
丙丁丁壬
己乙丙辛
丙甲壬庚
辛壬戊支
甲戊丁戊壬
甲甲丁辛己
丙戊乙庚

己辛乙辛

### 白和

丙乙丙戊
己月辛己
甲戊丙己
丁甲丁甲支
甲月庚辛
丙戊己丙
甲月辛辛丁
甲庚丙庚丁
甲庚乙丙戊
乙壬丙丁

金肖子

甲丙巳子丁　卯
甲丙子甲乙　辰
甲丙巳巳戊　巳
甲丙巳壬丁　午
甲丙巳戊庚　未
甲丙巳月丁　申
甲丙丁丙戊　酉
甲丙乙庚庚　戌
甲丙乙丙支　亥

## 重金叔納

甲丙戊乙丁　水
甲丙庚丙支　火
甲丙庚壬支　木
甲丙庚丁支　金
甲丙壬月丁　土

## 重金肖鼠

甲丙庚戊支　子
甲丙乙月庚　丑
甲丙丁月丁　寅
甲丙巳甲丁　卯
甲丙巳庚乙　辰
甲丙巳丁戊　巳
甲丙辛月丁　午
甲丙辛丙戊　未
甲丙辛丙丁　申
甲丙辛壬丁　酉

## 卑妄宮

庚戊月辛

## 則真宮

巳甲戊辛
壬戊庚辛

## 空艮宮

丁乙月巳
甲戊庚乙戊

## 重金

巳戊庚甲

## 婁金

巳丁戊丁
庚戊丁戊

## 婁金交

乙戊丁壬

## 姤雞宮

乙壬丙辛
戊丁丁庚
甲庚巳戊
甲戊庚丁丙
辛甲丁壬
甲戊庚庚庚
甲丙戊戊支
甲庚甲庚乙

丙金
戊金無
丙金乇

甲庚戊丁
丁甲乙丁
丁辛壬丙
甲戊巳乙支
甲庚巳乙丙
丙庚壬支
甲戊庚乙戊
丙丙壬辛
甲辛月子
乙壬丙戊
庚丁戊
甲戊庚乙甲
甲戊庚子丙
乙戊月戊
甲戊辛巳丙
甲丙庚甲丙
甲戊庚戊丙

金戊
庚金
婁金

丙戊壬支
巳戊庚乙
壬丙壬乙
壬戊甲辛
甲戊月壬巳
丁月甲戊
丁辛丁子
甲戊壬月足
乙壬甲支
巳庚戊巳
甲戊丙丙乙
甲戊庚乙庚
甲丙戊丙戊
甲戊庚乙丙
甲丙庚丙丙
甲戊丁戊庚

戊金
戊金出

甲丙辛乙乙戊

甲丙乙丁支亥

### 金難肖永某生屯

甲丙戊丙壬 子　甲丙戊戊壬 丑　甲丙戊庚壬 寅　甲丙戊壬壬 卯

甲丙戊乙壬 辰　甲丙戊丁壬 巳　甲丙戊巳壬 午　甲丙戊辛壬 未

甲丙庚月壬 申　甲丙戊（庚）甲壬 酉　甲丙庚丙壬 戌　甲丙庚戊壬 亥

### 尅金屎肖某歲克

乙丙庚庚 子　乙丙乙戊 丑　乙丙巳壬 寅　乙戊甲丁 卯

乙戊乙巳 辰　乙庚月丁 巳　乙庚丙戊 午　乙庚乙甲 未

乙庚巳丁 申　乙壬月巳 酉　乙壬甲丁 戌　乙壬庚巳 亥

### 重金屎肖重家某生

甲丙庚月乙 子　甲丙庚甲乙 丑　甲丙庚丙乙 寅　甲丙庚戊乙 卯

甲丙庚庚乙 辰　甲丙庚壬乙 巳　甲丙庚乙乙 午　甲丙庚丁乙 未

甲丙庚巳乙 申　甲丙庚子乙 酉　甲丙壬月乙 戌　甲丙壬甲乙 亥

甲比姤
丁戊月丁
丙戊戊支
丙庚丁壬

丙比姤
丁丙壬戊
甲庚辛甲戊
甲壬丁甲
丁壬戊辛

戊比姤
甲月壬甲庚
戊壬月丙
庚丙壬甲
丁丁戊庚

庚比姤
甲月壬丙庚
甲子甲丙乙
巳丁丁辛
壬丙壬戊
戊丙庚甲
甲壬丁乙壬

壬比姤
戊戊乙戊
丁子庚支
丁巳丁戊
丁巳子庚

乙比姤
戊戊丙丙
戊丙丙丁
辛戊甲丙
丁戊乙巳
巳辛壬甲

丁比姤
甲月戊丙壬
丁丙庚戊
甲丙戊丙丁
戊戊甲支

己比姤
甲月戊戊壬
甲丙戊月壬
戊壬月乙
丙戊壬支

辛比姤
甲戊辛巳甲
甲月戊庚壬
戊戊月戊
甲丙丙庚丙

癸比姤
丁丙丙丙
壬丁壬丁
壬壬巳戊
甲月庚子支庚
甲月壬月庚

姤品文
甲戊庚同壬
甲戊乙丙丙
甲戊月丙
甲戊月壬辛
甲壬庚壬丙
甲戊壬戊辛
甲戊乙月乙
甲戊壬丁丙
甲戊壬戊戊
甲庚壬巳乙
甲戊壬丙巳
甲戊庚丙支
甲戊乙戊丁
甲戊月戊壬

姤次
甲月戊甲辛 甲
甲庚庚戊乙 丙
甲壬辛戊甲 戊
甲壬辛乙支 庚
甲壬甲百 壬
甲庚巳丁支 乙
甲庚辛丁辛 丁
甲庚辛乙支 己
甲壬子丙丁 辛
甲壬子甲戊 癸
甲壬子乙庚 甲
甲壬子乙丁 丙
甲丙丁庚戊 丙次
甲壬月丙巳
甲庚丁乙辛
甲壬巳辛乙

## 萃之需卦

巳甲甲丁 癸
甲月巳戊 太宋
甲壬壬支 癸佳
甲乚戊丙 燕人
甲月甲丙 癸刀
甲丙乚乚 土玉
丁乙丙辛 禾刀
庚甲庚辛 癸佳
庚甲巳戊 土玉
○乚壬乙庚
壬甲月巳 文早
庚乙庚丙 火
○壬丁甲巳 文早
甲庚甲乚 水

## 明夷卦

庚乙庚丙 火
庚丙月丙 淏
甲乙戊丙
庚月巳丁 嵗
壬壬辛戊
巳月甲乙
巳甲戊巳
壬月辛巳 音鳥
丁辛壬丁
庚巳庚乙
丙辛壬丁
丁巳壬巳
丁壬丙乚
甲庚丁辛

## 巽之既濟卦

壬辛壬巳 木
甲壬丙戊
巳壬乙甲
戊庚甲支
戊壬丁丁 慈
丙辛庚丙
巳戊甲辛
庚甲戊乚
甲丁辛乚
庚甲庚丙
庚壬乙乚
丁辛庚巳
辛乚辛丙
戊庚丙辛

## 謙之同人

庚甲庚庚
甲月戊庚 显口
戊壬乙壬 生甫
巳甲巳支
丙月甲丁
巳戊乙丙
丁乙乙戊
庚月庚丙
庚辛丙庚
庚甲月戊
甲月庚巳
甲庚庚乚
甲庚壬丙庚
甲壬丁丁

千

## 震卦

甲庚丙辛
巳甲庚乙
庚庚甲丙
巳月月辛
庚戊庚丙
巳庚丁戊
壬辛乙辛 不弟
戊戊庚巳
甲丙庚丙
乙月乙丁
庚乙丙壬
丙乙甲丙
丙乙庚庚
丁壬丁壬
巳丙巳甲
巳壬乙庚
巳甲辛乙
甲庚丙丁巳
庚月乙戊
甲戊壬甲
甲庚乙甲

## 坎卦

巳月乙庚 夹豕
乙辛庚丁
巳辛丁庚
丙庚丙乙
乙乙丙庚
庚月巳丙
丙丁乙丁
戊月庚巳
庚壬戊庚
丙月丙丙

## 中孚

戊庚丙巳
壬庚月辛
○壬丙戊巳
丙巳庚丁
壬壬丙戊
甲戊甲辛丁
巳甲月辛
甲庚庚壬

## 无妄

壬辛壬庚 成
庚庚壬戊 不句
壬辛乙支 器
甲戊甲辛乙

## 夬

庚月乙巳
戊乙丙戊

## 咸

巳乙辛乙 真心
丙丙庚丁
甲壬壬甲
戊庚庚巳 口直
乙戊丙巳 刀水中火
甲壬甲丁丙
甲壬庚丁巳
甲壬丙戊壬
乙巳壬壬
壬月退庚
巳丙庚丁 岡木

## 大壯

甲壬甲丁庚
甲壬丙庚
甲丁戊丁
甲庚乙乙
甲丁壬乙
壬辛戊甲
壬辛壬壬 生火
壬甲丁乙 不夫
巳甲巳乙

## 豫

○丁壬壬丁
庚乙戊辛
乙丁庚庚
巳丙丁辛
巳丁戊支
巳辛月庚
庚壬丙甲
巳壬戊巳
壬戊壬支 二立

## 兑

甲庚壬丁乙
甲壬庚丙丁
甲庚甲壬丙
甲壬壬月庚
甲庚甲庚支
甲壬壬甲巳
甲壬戊子丁
甲庚戊巳壬
甲庚戊丁丙
甲壬庚甲丁
甲庚乙子巳
甲戊甲庚乙
甲戊甲乙丁
甲戊甲丁甲
甲庚甲辛丁
甲庚丁乙庚
甲庚壬甲丙
甲庚庚甲戊
甲壬乙戊甲
甲庚辛壬戊
甲月丙丙
甲丙丙巳
庚巳戊丁

## 遯

壬戊庚壬
甲壬乙甲

## 大過

甲壬丙壬甲
甲壬庚壬戊
丙甲巳丁
丙丁子壬
丙乙甲支
甲丙甲巳
甲子壬丙
丁庚庚甲
巳戊壬庚

## 同人

甲甲甲甲丁
庚丙乙丁
巳月乙戊
巳戊戊壬
巳甲庚乙
乙丁月庚
巳甲庚乙

## 蒙

壬丙乙巳
壬丙巳戊
壬甲乙丙
甲壬巳丁巳
甲壬庚月庚
甲壬戊月戊巳
甲壬壬子丁
甲壬乙巳巳
甲壬庚子支
甲庚壬巳巳
甲戊甲巳甲
巳甲丁丙
巳壬巳巳
甲戊壬乙丁
甲庚乙壬戊
甲庚甲庚壬
甲庚巳壬巳
甲庚乙巳壬
甲庚乙乙壬
甲庚巳辛戊
甲庚辛月庚
甲庚辛月辛

## 困

甲戊庚甲支
甲戊壬庚支
巳壬巳甲
庚丁甲丁
甲丙丙巳
甲戊庚月乙
甲戊庚戊丁
甲戊庚壬巳
甲戊庚辛庚
甲戊壬月乙
甲戊壬甲支
甲戊壬戊支
甲戊壬戊甲
甲戊壬丙巳
甲戊壬辛支
甲戊壬巳庚
甲戊壬壬支
甲庚戊子壬
甲戊庚甲丁
甲丁壬乙

## 分旬半文

甲壬乙丙丁　丙己
己壬甲支　甲余
壬甲丙子　甲余
己戊月戊　甲余
庚子乙丁　丙余
己丙庚戊　丙余
壬甲庚庚　丙余
壬甲壬戊　戊余
丁甲甲壬　戊余
壬甲己支　庚余
丁甲子己　庚余
壬甲辛辛　壬余
壬戊丁辛　壬余
己丙庚丙　乙余艮
甲月庚丁　不斗
甲甲庚甲
甲甲乙庚
甲月甲丁
丙戊己戊
甲戊月辛甲

## 流半文

戊丙乙丁　巳辰寅申
戊丙丁戊　辰戌丑未
戊丙辛庚　寅午酉亥
戊丙辛辛　子午卯亥
壬壬戊己　寅辰
丙乙庚壬
丙乙庚乙
丙乙戊己
丙戊丁丁
甲庚月丁
戊戊壬支
戊戊己壬
戊庚戊丁
戊庚壬丁
戊庚辛丙

## 半夫文

丙戊辛乙　不夫
乙辛壬庚　便夫
甲丙丙己戊　不成

丙庚己乙　子
丙壬月丁　丑
丙壬戊支　寅
丁乙己庚　卯
丙庚乙甲　辰
丙壬乙乙　巳
丙壬壬支　午
丙壬壬壬　未
丙乙乙庚　酉
丙壬甲甲　申
丙丁己乙　戌
丙壬己丁　亥

庚戊乙壬　子
庚戊丁丁　丑
丁壬乙丙　寅
庚戊庚壬　卯
庚庚丁乙　辰
庚戊丙辛　巳
庚戊丙丁　午
庚丙月丁　未
庚庚戊庚　申
庚戊己乙　酉
庚庚己甲　戌
庚壬壬丙　亥

## 晉半文

戊己庚支
戊己己乙
戊己壬支
戊己丁子
戊子月戊
戊庚壬甲
壬乙乙壬
丙戊丙壬
丁月庚庚
丁月己戊
丁丁己乙
丁甲庚支
丁庚庚壬
己甲庚丙
己庚乙庚
己壬庚壬
己壬己乙
己丁月己
庚乙己戊
乙甲戊甲
乙戊乙戊

## 半宮

丙丙甲戊
丙庚壬已
丁辛辛已支

## 甫宮

丙月甲丙
丙辛戊甲
丁丁甲戊

## 壯宮

丙已丙子
丁辛庚甲

## 巽宮

甲月乙子乙

火盡

甲丙壬子戊
丙乙戊甲
丙子丁支

## 彔宮

甲月丁丙支
甲甲丁子戊

## 初半宮

已甲戊庚
甲丙丙甲庚
戊已甲支
已月甲戊
丙月乙戊
甲戊丙庚戊
甲壬庚壬支
已乙已庚
丁甲乙甲
甲壬戊已壬

## 甫半真宮

乙丙辛庚
戊已乙支
乙庚壬壬
戊已戊戊
甲戊壬壬戊
戊已庚辛

## 中半宮

已月戊乙
子庚子乙
庚甲壬支
已月壬支
子壬壬乙
丁戊丙已
已戊已丁
庚已已子
甲庚辛子丁

## 工宮

子壬庚甲
丁乙庚庚
乙月乙已
戊丁月甲
戊已子支
庚戊甲壬

## 冬半宮

已甲丁戊
丁乙已丁
已壬丙丁
丙壬庚庚
庚甲庚乙
丁丁已乙
乙壬丙已
已戊庚壬

## 斗宮

甲月丁已已
甲月丁已丙
甲月丁丁丙

觀卦
戊乙月丙
巳壬丙子
丁乙辛甲
甲戊丙壬戊
甲甲乙戊壬
大畜卦
甲月丁壬支
甲月乙甲庚
甲丙戊庚丙
甲丙丙巳壬
甲丙戊戊戊
升卦
丙巳乙甲
甲丙子壬壬
甲丙巳辛庚
丁巳辛甲
鼎卦
甲丙丁戊乙
甲丙丁壬丁

丰
甲壬庚子甲
甲庚丁子丙
甲壬巳丙巳
庚壬子支
丙丁甲戊
丁辛月丁
甲宮
甲壬丁巳
丙壬月庚
甲月巳壬壬
甲月巳壬丁
恩丰
甲戊戊乙戊
戊子乙戊
戊巳丁壬
甲壬庚丙庚
乾
坎
甲壬戊丙支
品木
坤
甲戊丁丙甲

甲庚戊辛
甲乙甲壬
甲壬丁乙
甲乙子丙
辛戊壬子
甲壬丙甲
甲
甲壬庚甲
戊巳丙甲
甲月丁辛丙
薦元宮
丁辛壬辛
甲丙巳甲
甲戊月丙支
三甲宮
甲戊戊辛巳
庚乙壬辛
甲壬巳巳支

丰甲
甲壬月甲
庚壬乙丙
甲庚甲支
庚甲壬巳
戊子戊乙
甲
巳甲乙庚
戊辛丙甲
甲月巳乙丙
玉堂貴宮
庚丁子子
丁壬乙甲
巳庚巳壬
副宮
庚丙月子
甲壬子乙子

卦文通
甲戊月月戊 先罡土
甲戊庚庚壬
甲戊庚庚辛 畐·立
甲戊庚丙庚 先爻石畐

戢宮
丁庚巳巳
甲月丙庚子
甲丙丁庚乙
甲丙乙壬庚

晉卦
甲甲丁月乙
丙子乙巳

履度
丙子壬子
丁巳戊丁
丙子壬乙
丙子乙戊
甲丙丁乙
丁丁丙甲
丁巳丁丁
甲庚甲乙庚

又止文
巳甲丁文 木止
庚巳壬壬 工止
巳巳丙[illegible]
丙甲乙壬

受戢宮
乙甲巳戊
庚巳乙戊
庚丁子戊

畐手宮
甲戊辛戊乙
甲戊子丁文

任宮
甲巳丁辛

火壯卦
庚巳壬乙
壬巳丙庚
庚丁丙戊文
甲月壬丙乙
甲月壬乙丙

甲壬丁巳甲 半止
丁甲月丁 半止
甲甲申壬丁 畐止
甲壬子戊壬 丰止
甲壬庚壬文

庚丁乙丁
乙丁巳壬
甲庚乙丙乙
甲庚子月甲 巽牛

甲戊子乙巳
甲戊戊庚文

巳乙庚壬

甲月壬丁乙
甲戊丙月乙
壬巳巳乙
壬巳月壬
戊月壬丙

甲壬乙月足 半止
戊甲丁丁 半止
庚戊丙乙 斗止
甲甲巳辛文 斗止
甲壬庚乙丙

庚丙乙乙
庚丁巳戊 斗叉戢
甲壬子子戊 九口

甲戊子乙甲 友乖
甲壬子子庚 九口

甲戊月乙丙

甲月壬庚庚
甲月壬乙庚
甲月壬子子
壬巳乙壬
戊甲丙丙

需卦
甲戊巳子巳
甲戊巳月戊
甲戊巳子丙
甲戊丁丁丁
甲戊巳戊丙
甲戊丁子戊
甲戊巳丙戊
甲戊巳月巳
甲戊丁乙子
甲戊丁壬甲
甲戊丁乙戊
甲戊巳丁壬
剝披爻度弟
丁子甲壬

大壯卦
庚巳壬乙
壬巳丙庚
庚丁丙戊支
甲月壬丙乙
甲月壬乙丙
甲月壬丁乙
甲戊丙月乙
甲月巳甲丙
甲月丁子巳
甲月子甲丙

壬巳巳乙
壬巳月壬
戊月壬丙
甲月壬庚乙
甲月壬乙庚
甲月壬子子
甲月乙月丙
甲月巳甲壬
甲月子丙甲

壬巳乙壬
戊甲丙丙
子丙戊支
甲月子子
甲月壬巳丙
甲月乙月乙
甲月巳月巳
甲月子月丙
甲庚戊壬丁

月蠱卦
庚丁甲壬
乙甲庚戊
巳丙巳壬
庚庚戊壬
甲戊丙月庚
甲月乙甲乙
書晋宮
戊子巳甲
甲月庚乙支
甲月壬丁巳

壬巳戊戊
巳甲壬乙
巳丙乙戊
甲月丁甲乙
戊丙甲甲
甲壬月甲
庚巳壬爻
甲月壬乙支
甲月壬巳支

庚丁甲丙
己丙庚己
甲月乙甲丙
甲月丁壬丙
庚巳月庚
戊乙辛支
甲戊壬庚壬
甲月壬丁支
甲月壬子支

刻侍度用
丁匕丙巳
丁乙子丁
內道度
甲壬子甲庚
空宮
丙丁巳辛
丁丁丙戊
辛至全分刻
甲庚丙月甲
甲庚甲壬巳
甲庚丙子庚
甲庚庚月乙
甲壬庚壬壬
甲丙丁辛庚
知壬文
甲庚甲戊丙
甲壬壬壬乙
甲庚丙甲丁支
甲壬乙壬支

書晋宮
甲月壬乙丙文
甲月乙丙支
支星宮
甲月乙庚子
甲月乙巳支
甲月丁定〻
甲壬月子壬
半與交
甲月丁庚乙
辛丙庚文
庚丙乙壬
庚巳壬巳
丙丙巳丁
丙戊乙戊
戊巳丙支
甲壬壬月壬
甲壬乙月壬丁
甲壬乙庚丁
甲庚乙乙乙
甲庚乙巳巳
甲庚丙月丙
甲壬丙乙壬
甲庚壬子丙

甲月乙丙子
甲月丁壬庚
甲月乙壬支
甲月乙巳巳
甲月丁月巳
半丰文
甲庚庚庚戊
甲庚庚丙丙
甲庚庚乙
甲庚乙戊甲
甲庚乙戊庚
甲庚乙巳巳
甲庚乙丁乙
甲壬丁甲丁
甲壬壬乙甲
甲壬乙甲乙
甲壬戊戊丁
甲庚乙甲乙
甲壬壬乙丙
甲壬丁子乙
甲庚丙丁甲
甲戊丙庚乙

甲月乙戊支
子戊壬丁
甲月乙乙巳
甲月乙子支
甲月丁甲支
柰壬
甲壬戊巳丙
甲庚乙丙庚
甲戊戊庚丙
甲壬乙月丙
甲壬丙月丙
甲壬戊丁丙
甲壬戊戊支
甲庚庚戊丙
甲庚壬壬壬
甲戊子乙丁
甲庚壬壬戊
甲戊乙月丙
甲戊戊戊巳
甲庚壬甲壬
甲戊戊乙丁
甲庚庚壬乙

初金剛經
受
至史

接知子文

甲戊月乙子
甲庚月甲丁
甲壬壬戊丙
甲壬月丁壬
甲庚丁戊丁

甲壬戊戊子
甲壬丙甲乙
甲庚甲壬戊
甲庚丁子乙
甲庚戊月丙
甲壬乙月巳
甲壬庚乙壬
甲庚丁月戊
甲壬巳甲丙
甲庚戊丙丁
甲庚丙壬巳
甲壬庚甲庚
甲庚月丁丙
甲丙丁巳庚
甲戊丙巳乙
甲壬庚巳丙
甲庚壬甲乙
甲庚甲月甲
甲庚戊月甲
甲庚壬月丙

排半身文

甲壬庚子子
甲庚丁丁丙
甲壬壬庚丙

甲壬乙子丙
甲戊丙乙壬
甲壬庚子丙
甲壬巳壬巳
甲壬巳壬壬
甲庚庚壬支
甲戊乙乙甲
甲壬戊庚乙
甲壬庚壬乙
甲戊壬乙支
甲庚戊丁支
甲戊戊甲丁
甲壬壬月甲
甲壬丁丙戊
甲壬丁戊戊
甲庚乙丙丁
甲庚甲丙甲
甲庚庚月戊
甲庚庚巳庚
甲庚壬庚巳

排半半文

甲戊庚月巳
甲子戊甲乙
甲庚戊月壬

山壬火

甲戊巳子乙
甲庚甲壬壬
甲戊子子丙
甲庚丙甲壬
甲庚甲戊乙
甲戊壬戊甲
甲庚甲戊壬
甲庚乙子丁
甲庚乙子乙
甲庚壬子壬
甲庚庚壬甲
甲戊丙甲乙
甲庚丙戊巳
甲壬甲子戊
甲庚戊子丙
甲壬壬子
甲庚巳子乙
甲壬子甲子
甲壬甲甲支

排命丑

甲壬丙丙壬
佐
甲戊戊丁支
甲庚月庚丙

山壬水

甲壬乙庚庚
甲庚戊戊丙
甲壬庚巳戊
子
甲壬庚月壬
甲庚庚甲庚
甲庚戊丁庚
甲壬甲甲戊
甲庚庚戊支
甲庚丁壬丙
甲戊巳子丁
甲戊戊子壬
甲壬丙壬丁
甲庚戊戊乙
甲壬戊子庚
甲戊戊子子
甲壬壬丁庚
甲壬丙庚子
甲庚丁戊丙
甲庚巳月丁

武

壯壬卦

甲戊庚甲丙
甲壬月乙丙
甲壬甲巳乙
甲庚庚壬壬
甲壬子丁庚
甲壬戊月甲
甲庚丁子戊
甲壬庚月巳
甲庚庚丙子
甲壬戊壬丁
甲庚丙丙子
甲壬戊壬子
甲庚庚丙戊
甲壬乙月乙
甲辛乙戊
甲壬戊乙支
甲壬戊丙壬
。戊甲丙乙
甲壬月子乙

甲庚月戊戊
甲庚庚丙戊
甲壬甲庚丙
甲庚戊庚庚
甲壬庚月子
甲壬甲　丙
甲庚庚甲丙
甲壬甲子巳
甲壬巳甲甲
甲庚壬甲甲
甲壬甲丁支
甲庚戊乙庚
甲子丁庚
甲壬乙乙子
甲丙巳丙戊

且凋卦

甲壬月子乙
甲壬丙子支
甲壬甲子丙
甲戊戊壬庚
甲壬甲戊甲
甲壬戊乙乙
甲壬戊丙子
甲壬戊壬甲

武曲

甲庚壬乙乙
甲庚巳月壬
甲壬庚月丁
甲戊丁戊丁
甲庚庚戊辛
甲庚庚丁辛
甲庚丙庚丙

附丙屯爻

丁丁戊乙
丙子甲戊
甲甲巳庚丁
甲甲丁乙巳
丁辛月甲
丙子月庚
辛巳乙乙
甲戊丁庚丁
庚辛丁巳
甲庚庚巳甲
甲庚丙庚戊

## 牛后文先賁后公

甲庚壬庚壬
甲庚壬戊壬
甲庚甲乙
甲庚丁月丙支
甲壬庚巳庚
甲壬戊丙庚
甲壬戊甲戊
甲壬戊丙甲
甲壬戊巳戊乙
甲庚庚庚丙
甲庚丁巳丙
甲庚壬丙乙
甲庚丙壬丙巳
甲庚丁甲庚
甲丙月月子
甲丙月庚子
甲壬壬子丙
甲庚乙丁丁
甲壬壬丁壬

甲庚月丙衡丁
甲庚月丙子
甲庚甲月壬
甲壬壬甲壬
甲壬巳丙乙
甲戊戊壬子
甲壬乙巳丁
甲壬乙乙乙
甲庚巳丙戊
甲庚甲庚庚
丁丁戊丙
甲丙丁甲戊

## 隨卦

甲庚戊子壬
甲庚月丙子
甲庚乙巳丁
甲壬壬月丙
庚子　壬甲
甲壬巳庚丙
甲壬丁巳乙
甲壬戊子乙
甲壬戊丙巳
甲庚庚壬子
甲壬壬月丙
甲壬丁月丙
甲壬丙乙
甲壬戊巳庚戊

## 泰交

甲壬月巳庚
甲壬壬丙丁
甲壬戊戊戊
甲壬丁壬甲
甲壬戊壬戊
甲壬戊月壬
甲壬乙壬丙
甲壬戊丁丁
甲壬乙庚壬
甲壬甲巳
甲壬壬月丙
甲戊庚丙丁
甲壬戊子丁
甲壬壬巳壬
甲壬壬壬戊
甲子巳庚
甲甲辛辛丁

## 中屯木爻

甲庚月丙甲
甲庚乙月壬
甲庚壬乙壬辛
甲庚丁甲乙
甲庚丁月壬

## 早單木爻

甲庚巳戊甲
甲庚巳子巳
甲庚子子甲

## 壬陰宮爻

甲壬丙乙庚
甲庚丁月壬
甲壬壬壬巳
甲庚巳庚乙
甲壬丙庚丙
甲庚乙戊戊

## 漸晉宮

戊辛甲甲
戊辛辛巳
庚月丁甲

### 半官動爻

庚巳戊甲
庚巳辛戊
庚辛壬乙

### 官鬼俱動爻

戊巳壬戊
壬庚辛庚

### 才官俱動爻

乙月庚甲
丁月辛壬

### 官空才動爻

巳辛乙丙
戊壬庚辛
甲壬戊辛
甲巳月足
丁巳戊支

### 華又半爻

戊巳庚丙
戊巳庚巳
甲戊甲乙甲

戊月巳壬
丙丙庚子
甲戊月庚丁甲
庚巳壬乙
庚壬丁巳
甲壬巳巳
戊巳丁乙
巳丙戊支
乙月乙庚
辛戊壬巳
巳月乙甲
戊壬巳壬
甲巳戊壬
甲辛甲甲
丁乙辛辛

戊辛庚戊
甲戊壬庚庚
庚巳丁壬
庚辛庚辛
壬庚戊庚
乙戊巳庚
戊庚巳巳
戊甲壬丁
甲庚壬戊
丁乙甲庚
丙壬甲丁

丙庚戊甲
庚乙月戊
壬甲庚乙

## 品交已

乙壬己己　甲
乙壬辛甲　丙
乙乙甲辛　辛
壬辛戊戊　戊
乙乙壬庚　乂
乙丁甲壬　五
乙丁壬壬　乙
甲壬甲辛　丁
甲甲壬月甲　丁
甲甲壬戊丙　己

## 通升交

己己己戊
丙丙庚辛
丙丙丙乙
丙丙乙丁

## 晋否交

丙戊辛交
甲戊甲戊
戊戊庚辛
庚子乙支 不分
壬月辛辛
甲壬甲壬丁
甲乙己支
丁戊庚子
己乙壬戊
丁丙戊支
乙月丙丙
甲壬甲己庚
甲甲壬甲
甲子甲庚
戊戊乙辛
己甲甲辛
甲壬戊壬支
甲壬丁乙庚

## 搏才交

庚戊己己　文
庚丁丁壬　斗角
庚戊月壬　落
庚甲己乙　代
庚戊甲支　土
甲壬乙壬
戊丁甲支
壬丙己己
甲戊月庚〻
○庚戊丁庚
戊壬丁己
丁甲己戊
甲丁壬乙

## 蒙卦火經

丙丙丁丙
戊乙甲庚
己辛辛辛
丙庚壬戊
戊乙丁庚
丙戊辛丁
戊丁戊戊
乙子丁己
戊戊丁己

## 家人貴交

戊己庚戊
乙己丁丁
乙己乙壬
乙己子庚
辛甲丁丁
己壬丙支
丙月戊丁
丙甲丁丁
丙壬庚庚
丙乙己丙

## 官祿宮

丙巳丙丁
丙壬巳巳
庚乙丙巳
庚乙庚庚
庚巳甲乙
庚巳丙庚
庚巳戊巳
戊巳乙乙
戊辛甲子
戊子庚壬
戊子壬支
壬庚丁戊
壬巳乙甲

### 未任損爻

乙庚戊乙

### 士復爻

甲戊乙巳巳
庚巳丙支

## 家人半宮

丙丁月丙
丙巳乙乙
丙壬甲支
丙辛庚庚

### 先半后木爻

甲月乙壬子
甲月乙乙乙
甲月乙丁乙

### 先木后半爻

甲月丙子支
甲月庚丙子

### 晉半木屯爻

甲戊月戊乙
甲戊月月子

## 觀否爻

甲戊月丙巳
甲戊甲庚丁
甲戊甲支庚

### 火天大有爻

戊巳子庚
乙月丙乙
甲子巳戊

### 壯通爻

甲月戊戊支
甲月戊乙辛
甲月壬乙子

### 空貴宮

甲戊乙丁戊
甲丙月丁丙

### 天店星

甲壬辛巳甲
甲壬辛巳辛
甲壬戊子巳

## 姤录

甲庚〇辛丙 上
甲庚甲足 上
甲庚甲月乙 上
甲庚甲甲甲 上
甲庚甲丙乙 中
甲庚甲庚甲 中
甲庚甲庚巳 中
甲庚甲乙支
甲庚甲乙巳
乙丙丁支子

### 坐雜爻

甲戊月丁丙
乙月子支
甲戊壬壬戊
甲戊壬子丙
甲戊壬子戊
甲戊壬子巳
甲壬庚戊丙
甲壬壬乙乙

○庚月辛丙　甲
庚戊巳丙　丙
丁庚月足　戊
丁戊壬戊　庚
丁甲甲丙　壬

子

○壬乙壬庚　甲
巳戊月丙　丙
巳甲壬戊　戊
壬乙子庚　庚
巳甲戊戊　壬

辰

○子月月子　甲
子月甲子　丙
子月丙子　戊
子月戊子　庚
子月庚子　壬

子

○子丁月戊　甲
子丁甲戊　丙
子丁丙戊　戊
子丁戊戊　庚
子丁庚戊　壬

戊

庚丙乙丙　甲
丁丙子巳　丙
丁丁庚子　戊
丁壬戊甲　庚
庚庚辛甲　壬

午

壬丁戊庚　甲
丙甲丁壬　丙
壬乙戊子　戊
巳丁乙庚　庚
巳甲戊戊　壬

戊

子丙巳甲　甲
子丙子甲　丙
子戊月甲　戊
子戊甲甲　庚
子戊丙甲　壬

午

子乙月戊　甲
子乙甲戊　丙
子乙丙戊　戊
子乙戊戊　庚
子乙庚戊　壬

辰

丁丙己丙　乙
庚乙戊乙　丁
丁巳壬甲　己
庚丁壬支　辛
庚巳己壬　癸

卯

壬子巳支　乙
巳甲巳子　丁
巳庚子甲　己
壬己子己　辛
己戊子庚　癸

丑

子月己支　乙
子月子支　丁
子甲月足　己
子甲甲支　辛
子甲丙支　癸

卯

子壬甲丙　乙
子壬丙丙　丁
子壬戊丙　己
子壬庚丙　辛
子壬壬丙　癸

丑

丁甲戊甲　乙
庚巳子丙　丁
庚庚甲庚　己
丁壬壬支　辛
庚巳丁乙　癸

酉

巳庚甲支　乙
壬己己子　丁
己己月丁　己
巳壬戊丙　辛
己庚巳丁　癸

未

子庚庚丁　乙
子庚壬丁　丁
子庚乙丁　己
子庚丁丁　辛
子庚巳丁　癸

酉

子乙壬戊　乙
子乙乙戊　丁
子乙丁戊　己
子乙巳戊　辛
子乙子戊　癸

未

升卦
紫微星
甲乙乙子
己庚庚亥
丁丙丁壬
丁庚甲丙
甲壬丙丁亥
甲庚丁丙
丁丙乙巳
丁庚壬丁
亞帝星
甲巳巳壬
子乙乙亥
天全星
甲戊子己
丁庚子亥
侯星
甲戊子巳
甲己丁乙
丁丙丁子
辛庚壬己

天部星
己戊己丙
甲庚己亥
己壬乙丙
己壬丁亥
己庚戊壬
己戊丙亥
戊丙壬子
天酉星
庚壬月壬
文曲星
甲戊壬丁
甲壬甲甲
丙月己壬
武曲星
丙月丁戊
天良星
壬甲丙甲
丙戊壬甲

天合星
戊丁甲壬
甲己丁壬
丙丙月乙
丙壬丁甲
庚丙壬子
丁丙丙戊
甲戊丁甲
乙壬子子
丙月己庚
丙乙庚子
丙甲庚壬
天史星
壬丁丙丙
天甫星
丙庚子子
壬甲庚子
令左星
戊乙乙巳
戊戊甲子
知　仙　水　合　[illegible]　之

丁辛壬己
戊戊壬己
壬丁甲戊
壬壬乙子
天卞星提
丁丙乙甲
庚戊壬子
戊壬丁甲
天軍星
丁丙戊己
大研星
乙丁甲壬
天參星
丁戊子子
副惣星
丁己子乙
天遊星府
丁己甲乙
丁庚月壬

侯伯階星
辛乙戊辛
丁月丙己
付馬星
辛丙戊甲
辛壬甲辛
天宰星
庚庚壬乙
辛戊己甲
甲戊辛辛
辛戊月足
壬戊丁己
壬壬月甲
右丞星相
壬戊壬丁
戊辛丙支
水火星
甲月星月乙
辛甲己支

天祿星
丙乙丁戊
甲戊壬甲
甲丙己丁
火魁星會元
壬戊壬辛
壬己乙丁
天解星元
壬丁丁辛
天考星
壬壬丁戊
丙己甲庚
文院星學
庚丙乙庚
丙己甲辛
天撫星
庚甲丁丁
壬庚乙甲
丙丙丁丁
大都星都
壬庚戊壬

●壬甲己己
壬乙丙辛
○戊己己壬
甲戊丁月庚
巡天檢星升
壬庚戊己
天鄖星
壬庚庚己
天岳星徵台
壬壬甲庚
天薄星
壬辛甲支
天樂星官
壬甲月壬
天祀星
丙辛壬丙
天全星
壬己己甲
壬壬己甲
壬己己康
壬辛丁甲

新圖
仝
仝止

天都星
戊壬丁壬
丁己丁壬
天守星
乙辛甲庚
戊乙辛丁
丙壬丙壬
營小星
才巴
乙壬丙乙
乙庚庚庚
戊丙丁甲
丙甲丁庚
己乙庚庚
天隊星官
糸
壬辛丙丙
己乙丁丙
天鑾金星
丁己己甲
天丘星
丙庚月己
丙庚丙戊
己己丙丙
戊戊庚丁

天庾星
庚丁丁丙
乙庚辛甲
乙巳戊乙
天巽星
甲月己星辛庚
甲乙壬丁
天扁星
庚壬月丙
甲乙壬丁
天冓星
甲甲月丁
庚戊壬丁
天賣星
庚戊甲甲
甲庚壬辛
天舍星
甲甲辛庚丁
天甲星
乙戊壬甲
乙丁己丙

丙辛辛乙
壬月壬丙
天布星
壬庚月庚
壬庚甲乙
天察星
甲巳丙巳
壬己丁支
天首星
庚辛辛甲
丙戊丙甲
天海星
壬壬丁壬
戊丙甲辛
駟馬星
戊庚戊支
壬甲乙文
天府星
甲丁乙辛
戊庚庚辛
戊巳己甲
戊戊丁甲

司馬星
己己丙丁
學堂星
甲月壬辛壬
壬壬辛文
戊丙甲丙
乙壬壬壬
戊戊乙甲
戊庚辛巳
乙壬戊己
乙戊壬戊
天曹星
甲丙辛辛戊
甲丙丁庚戊
甲丙乙戊庚
甲丙庚壬
甲乙庚戊
按天府星
甲己戊甲
甲巳甲甲

戊庚丙乙
己己乙巳
己丁甲庚
戊月壬庚
己己庚巳
丁乙壬巳
庚丁辛丙
巳酉乙戊
需卦
甲戊丁甲丙
甲戊丁甲支
甲戊丁月壬
甲戊丁丙巳
甲戊丁戊乙
甲戊丁甲壬
甲戊丁庚丙
甲戊丁甲乙

大常星
戊己戊支
甲戊辛辛
光彔星
甲辛戊庚
壬庚乙乙
天業星
壬戊壬己
天蠦星
丙乙己乙
壬戊甲己
大鴻星
戊丙壬丙
庚庚壬丙
天尚書星
庚庚壬乙
乙月月丁
己戊己丙
庚壬辛丙

天判星
壬辛戊乙
乙壬壬丙
乙壬月甲
乙乙己丁
壬辛甲壬
徑天星
庚甲己己
乙戊乙己
照石星
戊壬丙甲
天州星
壬乙庚辛
戊乙丙戊
天刺星
戊乙己丙

天右星
戊庚壬壬
天叅星
壬壬庚丙
甲庚壬乙戊
壯雜宮
己丁乙甲
己丁丁戊
甲丙月庚
丙庚月戊
甲己甲丁
己甲辛壬
甲戊己己
甲戊甲支
己辛月甲
戊乙庚庚
戊戊庚庚
己丁庚己

壯日宮
庚戊戊壬
甲壬己壬
庚丁丙丁
庚丁庚己
庚丁乙丙
庚丁己庚
庚丁己辛
庚己戊支
丙戊月庚
丙乙丁乙
甲庚丙戊
己己月甲
乙己戊辛
丁壬戊壬
己己甲丁
戊月乙支
甲庚丁乙戊

貴人益爻

乙戊丁丙
丁甲己庚
甲月戊己丙
乙庚甲乙
乙庚戊壬
甲月戊庚戊
甲戊月辛
庚甲丙壬
丙乙甲甲
甲月丙乙壬
甲月丙己壬
甲月庚月壬
壬丁己丁
壬壬庚己
己壬月乙
丙月丙辛
戊甲己丙
甲月戊乙丙
丁庚子乙

天酉星
甲甲戊甲戊
己己丙庚
己丁庚丁
天衣星
甲戊甲壬子
風地觀
丁丙乙戊
天徑星命
甲壬壬丙乙
天衍星卜
庚壬壬己
丁戊子甲
己庚月己
天日星相
己庚月丙
天首星
戊戊戊丙

甲壬丁甲庚
乙戊丁乙
己月壬乙
戊丁庚丁
丁月乙己
己己甲乙
庚壬丁己
甲月己壬
甲庚壬丙
庚甲庚戊

乙壬己丁
甲壬戊丙丁
甲壬戊子戊
戊丁丙手
丙庚壬乙
丁丙壬己
丁戊壬己
己戊己壬
甲壬丁壬
丙甲子戊

家人睽文
甲戊壬乙
甲丙庚庚
甲己壬己
丙辛丁甲
丙月子乙
丙戊丙戊
庚壬月庚
戊月子己
戊乙甲丁
家人睽同人益文
甲戊丙乙
丙甲丁丙
庚戊丙甲
天素星 齊
甲月子戊丁
乙子庚支
丙乙壬壬
天梨星
己戊戊庚
己戊庚巳
戊庚戊庚

隨卦
己甲己丙
庚甲壬壬
庚丙月乙
隨否卦
丁丙己支
訟卦 幕
己丙己支
天眷星
壬丙丁戊
天織星
甲壬壬乙甲
九流星
甲丙丙戊甲
丁戊丙乙
己甲乙丁
天日星
甲壬丁月丙
天賭星
甲壬乙乙庚
甲壬戊辛甲

庚己己庚
甲壬庚甲戊
庚丁戊庚
乙月壬丙
甲壬丁戊己
丁子甲支
己壬月丁
甲壬壬己乙
天間星畐文
丙丁己丙
丁壬己丙
庚乙丁去支
庚戊壬
丙庚丁丙
戊戊巳己
丙己丙丙
甲甲月甲乙

甲丁己甲
○庚壬丙乙
甲庚子戊甲
甲庚庚壬丁
甲庚丙甲丙
甲庚戊丁乙
甲壬壬甲戊
甲壬乙壬丙
甲壬丁戊子
丙月辛戊
甲壬壬丙甲乙
甲庚甲丁甲
丙壬戊甲
戊丙丁丁
庚乙乙壬
甲丁子子
丁戊壬子

損卦

丁丙丙己
甲戊庚庚
丙丙戊丁
甲子丁己
戊壬丁庚
乙月庚子
丙戊丁丁
庚庚丁丁
甲甲子月丁
丙己戊戊
甲戊甲己
甲丙甲丁
甲戊戊月甲
甲己庚戊
丁丁己辛
乙月戊支
庚丙月戊
乙己子丁
丙戊己乙
甲庚子乙壬
甲壬己月甲
乙戊庚戊乙
丁戊丙辛

祿籍巨名星

丙丙月子
庚庚乙己
甲戊己庚

天潢星

丁丙丙子

水師卦

戊子壬甲

天徒星

丙丁壬甲
丁子月支

天軍星

庚壬庚丙

天蓋星屯

丁壬乙乙

兌為澤

甲戊丙丙
甲庚乙庚丁
甲庚壬戊支

弟藝星

乙子乙子
丁壬丙丙
乙丁戊子
○丙子子庚
庚己甲壬
甲丙丁丙庚
◎丁己丙支
◎庚壬月庚

天道星

庚壬乙支
庚丙庚丁
甲丙己子乙
乙辛巳子
甲壬丁乙子
甲庚戊庚丁
甲庚庚丁支
甲庚壬月壬
甲庚壬甲支
甲庚壬戊庚
甲庚壬戊丙
甲壬己丙乙
甲壬壬戊支
甲庚壬乙子
甲壬丁丙子
甲庚子丁
甲壬子乙乙巳
甲庚丁乙庚
甲庚乙庚亥巳

己丁辛乙
甲戊乙甲丙
丙丙丁戊
戊乙月丁
丙丙己庚
子壬戊丁
甲戊乙丙庚
甲壬戊乙丁
甲戊辛己丁
甲壬己丁乙
庚壬壬丁

## 才動

甲壬丙月乙
甲壬丙甲乙
甲壬丙戊丁

## 官動靜

甲壬庚月壬
甲壬壬月乙
甲壬己甲
甲壬乙庚丁

## 外乇爻

戊甲甲己
甲己乙壬
己丁子庚
庚月丙子
戊乙戊子
乙己丙己
甲丙庚丙丙
甲丙月戊支
甲丙甲丙支

## 客人

甲壬壬己丁
甲壬壬子壬
甲壬己丙戊
甲壬己月庚
甲壬壬戊丁

## 天染星

甲壬辛壬丁
甲壬己丁戊
戊月月戊
丁子月乙
甲己戊丙
戊乙丁壬
丁己丁子
戊己丁甲
甲丙甲壬子
甲丙丙子壬
甲丙月庚支
甲戊壬庚己
甲戊己己己

戊子丁丁
甲丙月壬支
乙丙己庚
甲壬庚乙己
戊乙己子
戊己丙丙
甲戊乙丙丁
甲丙乙己丙
甲丙丙支支
甲丙壬丙
甲庚丁丁

## 天遊星

甲壬乙乙己支
甲壬乙辛支

## 才官父動爻

丁丙壬壬
丁丙丁丙
丁丙辛甲
丁戊甲乙
丁戊戊乙
丁庚月甲
丁庚甲丁

## 官空才豐艮畐

丁月壬丙
丁月乙庚
丁甲壬甲
丁甲丁丙
丁己己己
丁丙甲辛
丁丙庚甲

## 畐卦

丁己丙戊
壬丙戊丙
戊月乙庚
辛丙壬壬
甲壬丙乙

## 初動爻

甲辛丙丙
戊己月辛
乙月庚戊
甲己戊支
戊己丙己
己乙乙己
甲壬戊辛
庚丁己丁

## 初靜爻

丙庚辛丙
丙乙月乙
甲壬月庚
甲戊戊辛
丁戊丙丁
丙庚丙壬

甲丁丙己
甲丙月己
丁月乙壬

## 中動爻

甲乙戊壬
甲丁乙甲
丙乙乙戊
甲辛丙丁
丁戊丙丙
戊月甲辛
甲乙丁丁
丙乙辛庚
丁丙甲庚
庚丙辛庚
戊丁壬壬
甲丁月乙
丙壬己庚
丁庚壬爻
庚庚戊甲
辛辛戊己
甲庚辛庚丙

## 中靜爻

丁甲月乙
乙辛丁壬
乙丁丙甲
丁月丁支
庚丁月辛
甲乙乙壬

## 終動爻

辛壬辛丁
己辛庚乙
庚甲壬己支
丙己壬丙
乙丁己支
甲乙戊己
己戊甲己
丁月乙甲
甲庚丁支
甲丁丁庚
甲丙己戊
丁甲乙庚
丁乙丙壬
戊丁丁壬
乙庚己辛

## 終靜爻

丁辛庚
甲戊乙辛
丁丁月辛
戊辛庚丙

戊乙丁己
戊乙辛辛
甲己丙丁
丙戊壬壬
戊乙月乙
甲辛乙己
戊丙丙戊
戊戊月乙
庚月庚辛天
丁壬甲辛
甲己丙戊
戊丙乙戊
壬戊庚乙
丙壬庚丙
甲辛月乙
甲辛甲己
壬月丙乙

恒卦守盛

甲丙甲丙
壬丁月乙
壬丙戊庚

益卦祿

己辛戊己
庚甲庚己

初動中動爻

庚丁乙辛
壬甲辛丁
己丁辛辛

初動終靜爻

丁壬庚乙

初終動爻

甲辛丁戊
戊月庚支

初動中靜終動爻

甲辛庚戊

丙旬動爻

辛丙戊壬
辛戊丁支
乙己甲戊

初動中平爻

丙丁丁丁
丙辛月戊

初靜中動爻

丙辛丁乙
丙辛乙甲
丙辛月辛

不動不靜爻

丙庚壬甲
丁月乙戊
丙辛辛支

戊旬動爻

己戊丙己
庚戊乙己
甲庚己丁
庚乙丙丙
乙庚乙支庚
庚壬丁庚
庚乙庚己支

初動中靜爻

丙己乙丙
丙丙辛戊
丙辛庚乙

中靜中動爻

己庚辛乙
己甲月戊
乙甲月丙

靜爻

丙庚己甲
○己丁壬戊

庚旬動爻

己庚月戊
甲辛丙己
庚乙月己
壬乙丙爻
己庚壬爻
丙壬辛辛
丁甲月丙

己戊壬丁
戊丙辛己
丁月月戊
壬壬辛甲
丙丁壬辛
己丙乙丁
庚丁丁庚
庚丁丁辛

## 晉豐宮

壬甲丁丙
壬壬戊辛
壬壬月庚
庚月辛乙
己丙壬乙
丁乙壬戊
戊乙戊戊
己丙丁戊
己庚月辛
庚戊乙丁
辛丙丁支
甲辛己乙 火
甲己辛辛
甲丙壬己丁
甲丙己丙丁

## 壬旬動文

己甲丁丁
己丙甲乙
甲乙辛戊

## 不官商宮

庚戊壬壬
丁戊甲庚
丁甲戊庚
丁甲丁乙
丁甲辛己
丁丙甲己
丁甲壬己
己庚丁甲

## 不泰曰動文

丁月己丙
丁甲丙辛
己乙丙壬

## 且白動文

庚己庚戊 鼎
戊壬辛庚
戊壬甲戊
戊壬月足
戊壬壬丁

## 且虛白動文

戊丙壬甲
庚庚月庚 别
甲戊丁丁乙
甲戊乙戊丙
甲庚丁甲辛
甲辛戊壬

## 辛動文

丙月丁庚
壬丙乙辛
戊甲辛戊
戊丙戊辛
壬己丁辛
丙月丙支
戊甲乙甲
丙己乙丁

## 辛靜文

○丙戊壬戊
庚丙辛壬
甲戊乙辛
甲丁戊戊
甲丙月己
甲丙壬庚
甲庚壬己
丙戊壬戊
戊己甲辛

## 泰卦

己戊甲壬、火
己丁辛丙、甲火
己丙甲文　丙火
己甲乙庚　戊火
己甲戊文　戊火
己丁乙己、
己丁丁庚、庚火
己壬壬庚、
己月壬辛、壬火
甲月庚丙、
己月丙甲　甲火
甲甲月庚、
甲戊戊丙壬、
甲戊甲月辛　丙火
甲戊甲己支、
甲戊甲乙壬　戊火
甲戊丁丙丙、
甲戊月丁壬、庚火
甲戊月壬戊　癸火
甲戊月乙丁　壬火
甲戊甲乙己　辛火
甲戊甲己己　亥火辛

## 中孚卦　平軍

甲戊甲壬夕　壬壬

## 剝卦困

丙壬丙丙
甲月戊丁

## 蹇卦

庚丙己庚
壬辛辛乙
丁戊丁丙

## 大過卦

戊乙戊甲
丙己乙丁

## 離卦

丙庚丙庚

## 遊魂卦

己乙己壬

## 才動肖文

甲乙庚己　丑寅
庚壬月甲　巳午
庚乙月甲　未戌

## 白動己倉文

丙庚丁戊
丙戊庚己
戊戊丁文
甲己丁庚

庚戊庚庚
壬巳壬巳
庚丁己壬
己甲戊丙
辛己壬戊
庚乙丙庚
丁丙丁文
甲戊日庚文
甲丁庚戊　午亥
丁壬戊乙　酉申
丙戊壬乙
壬戊壬庚
壬丁乙壬
甲月壬己庚

己乙月戊
壬辛甲庚
丙壬壬辛
丙己壬丁
丙辛丁丙
甲庚戊乙壬
丁月戊壬
甲壬甲丁壬
甲甲丁庚己
庚庚己辛　子辰
庚壬己甲　亥申
丙戊己丁文
戊戊月丁
甲辛甲丁
丙月壬甲
丙壬壬丁
丙辛戊乙

甲戊月壬壬
甲戊甲日丙
甲戊甲丙己
甲戊月丁己
甲戊甲庚己
己庚丁丙
甲丙戊乙

## 否卦 下軍

己辛己乙
己辛乙亥 乙
己辛月壬
己辛丙甲 甲水水
己辛戊丙 甲水
己辛庚辛 甲水
己甲甲支 己水
己甲甲甲 壬水
己甲戊甲 乙水
己甲壬甲 乙水
己乙月足 丙水
己己甲甲 丙水
己己己甲 丁水
己己己辛 丁水
己己戊支 戊水
己丁丙甲 戊水
己丁丙辛 己水
己丁月乙 己水

## 田宅宮

乙壬月乙 火
甲壬己庚 火
己庚甲己
戊乙月乙 火
庚庚月庚 力倉

## 由造宮

壬辛丙亥
丙庚甲己
戊己己甲

## 大有尾交

戊庚月己
戊庚乙己
乙甲甲乙
庚庚己壬
庚月戊壬
壬月戊丁
丁戊壬庚

## 才動妻余文

壬戊戊己
壬庚月丁
丙辛己己
甲月乙庚乙
壬乙壬壬
丙辛甲丙
辛戊戊辛
己丙月乙

丁月月丁
甲丁辛壬 火
庚丁己乙
庚己戊丙

乙戊己丁
丁壬月壬
戊己丙乙

戊庚戊甲
戊庚己甲丁
丙己庚甲
庚壬月辛
庚丁月戊
辛壬丙甲
甲己壬丙

丙月丙支
壬庚辛乙
乙甲己甲
甲月乙丁支
壬乙丁乙
丙庚戊丙
乙甲丙戊
丁戊庚戊

丁壬己壬
丙甲月壬
己戊月壬
戊乙己己 火

戊辛甲亥
庚甲壬丙
戊辛丙乙

庚壬乙丁
庚乙庚丁
丁月戊甲
丁甲甲丁
庚丙月己

甲甲壬丙己
壬庚戊支
甲月乙丙壬
丙壬庚戊
壬乙戊乙
辛乙丙丁
庚丁月甲

己丁丙丙 庚水
己丁甲丙 庚水
己丁壬戊 辛水
己月丁庚 辛水
己壬壬庚 壬水
己丙月庚 癸水
甲戊甲丙乙 甲水
甲戊甲丙辛 甲水
甲戊甲戊支 水
甲戊甲丙支 乙水
甲戊甲甲辛 丙水
甲戊甲己戊 辛水
甲戊月辛己 丙水
甲戊甲月乙 丁水
甲戊甲庚辛 戊水
甲戊甲壬戊 己水
甲戊甲丁乙 己水
甲戊甲丁丁 丁水
甲戊甲丙丙 癸
甲戊甲丙庚 卡水
甲戊甲丙壬 辛水

## 天屠星

甲壬壬丙庚
甲壬己丙丙

## 旅卦

庚甲甲丙
丙辛戊乙
壬丁乙辛
甲丙壬丙
戊壬辛支
庚丙月甲
戊丙庚丙
甲庚甲乙庚
甲庚甲己壬

## 月卦卯易

丙月乙丙
丁壬辛甲
辛丙丁壬
甲壬丙丙丙
甲庚甲己庚
丙丙己戊
甲壬丁甲己
甲庚壬壬丙
丙丁壬庚
甲壬子戊子
甲壬丁甲丙

## 天木星

甲壬辛辛丙
甲壬辛己乙

甲戊甲子支
甲庚丁丙
丙月丙辛
丙丁壬戊
壬己月己
戊丁丁戊
庚甲乙甲
戊月丙甲
丙庚丙甲

## 困卦 来井田

甲月丙壬支
己月乙辛
甲丁己壬
甲己庚辛
戊月庚丙
丁月辛己
甲己月乙
甲己己辛
甲甲戊己
甲己甲辛
甲丁戊支
己戊丁庚

己己辛支
丙壬丁丁
辛戊己辛
壬己庚丙
己己月乙
戊甲己丙
庚甲己丁
庚戊丙戊
丙庚辛壬

## 困井 来作貿

庚乙庚戊
甲甲甲庚庚
戊壬甲壬

## 天藝星

壬戊庚庚
丁月壬乙
乙辛甲丁
丙乙庚戊
戊丙己戊
丁甲辛壬

## 天厨星

甲壬辛[己]辛[甲壬]丙
甲壬辛己[甲]乙

| | | | |
|---|---|---|---|
| 單歲災文 | | | |
| 甲丙甲甲丙　子 | 甲丙甲丙丙　丑 | 甲丙甲戊丙　寅 | 甲丙甲庚丙　卯 |
| 甲丙甲壬丙　辰 | 甲丙甲乙丙　巳 | 甲丙甲丁丙　午 | 甲丙甲己丙　未 |
| 甲丙甲辛丙　申 | 甲丙丙月丙　酉 | 甲丙丙甲丙　戌 | 甲丙丙丙丙　亥 |
| 否警宮 | | | |
| 甲庚戊己 | 庚甲庚甲壬 | 丙庚子戊 | 庚壬庚壬 |
| 甲戊壬丙 | | | |
| 將動德延文 | | | |
| 甲丙乙戊 | 甲庚乙壬 | 甲庚月壬 | 子庚丙甲 |
| 戊己子丁 | 甲丙子戊戊 | 甲丙己子戊 | 戊辛辛壬 |
| 吉解文 | | | |
| 庚己丁丙 | 丙壬戊丁 | 甲戊子甲 | 庚戊月丙 |
| 乙己庚甲 | 乙己月己 | 乙己丙庚 | 乙己丙丁 |
| 乙己己庚 | 乙己壬丙 | 乙己壬乙 | 乙己己壬 |
| 乙子庚甲 | 乙己丁壬 | 乙己丁戊 | 乙子甲壬 |
| 越叔后火文 | | | |
| 甲己辛壬　文 | 甲丙己壬 | 甲庚丙庚 | |
| 庚戊丁庚　文 | | | |

### 起延加旬爻

壬己壬乙　甲旬
壬子甲戊　壬旬

### 支旬災爻

壬戊壬甲　甲旬夾
壬庚乙庚　壬旬夾

### 雙歲連夾爻

壬壬丙子子　丑連夾
壬乙乙甲　辰巳連夾
壬丁戊丁　申酉連夾

### 關越德延爻

甲月甲丁戊　戊旬閡

### 越旬后火爻

甲己戊丁越　甲旬

### 欠利月爻

乙丁己丁

### 天定爻

甲甲月丁辛

壬己丁壬　丙旬
甲庚甲甲丙　乙旬余
壬戊子甲　丙旬夾
戊庚丁庚　乙旬夾
壬壬戊丁　丑寅連夾
壬乙己支　巳午連夾
壬丁丁丁　酉戌連夾
甲月戊戊支　丙旬閡
甲戊庚壬戊　庚旬閡
甲壬乙丙辛　壬戊
乙己甲甲
乙丁辛乙　亥卯未
丁己戊丙

甲戊戊支子　戊旬
壬庚戊子　戊旬夾
戊庚辛戊　丁旬夾
壬庚庚丙　庚旬夾
壬乙子丁　午未連夾
壬丁子子　戌亥連夾
壬乙戊支　卯辰連夾
甲庚庚甲丙　乙旬閡
甲戊丙戊丙　壬旬閡
甲己壬乙越　丙旬
乙己丙丙　双月欠
乙己月甲　巳酉丑
丁己庚甲

壬子月戊庚旬
戊壬甲丁　己旬夾
壬庚丙辛　子旬夾
壬丁甲甲　未申連夾
壬己甲丁　亥子連夾
甲丙壬丁丙　乙旬閡
甲己己甲乙　戊旬
乙己庚己支　單月欠
乙己月丁　甲子辰
甲戊戊壬
甲庚丙丙己

# 補后冬文

甲丁乙己

## 分旬屯文

辛己月己 甲旬屯
辛己庚乙 壬旬屯

## 定岡屯文

辛己乙丁 丙旬
辛辛月乙 乙旬
辛辛庚乙 癸旬

## 旬余屯文

戊庚丁乙 丙余
戊乙庚甲 壬余

## 壬余屯文

甲丙戊丙庚 未壬屯

## 乙余屯文

庚丁戊壬
己丙庚庚 乙庚屯
甲戊壬月辛 乙庚屯
甲庚甲丁戊 乙庚屯
甲戊丁丁壬 乙乙屯

辛己甲乙 丙旬屯
辛己壬乙 乙旬屯
乙甲丙己 乙旬外屯
辛己丁乙 戊旬
辛辛甲乙 丁旬
辛辛壬乙 癸好屯
甲月庚丁 丙旬余
壬甲乙丁 戊余
戊壬壬壬 壬丁屯
甲庚甲己丙 乙乙屯
丙己丁丙 乙戊
甲戊丁壬支 乙戊屯
甲月丙丙戊 乙乙屯
甲戊壬丙支 乙丁屯

辛己丙乙 戊旬屯
辛己戊乙 庚旬屯
乙甲壬支 丁旬
辛己己乙 庚屯
辛辛丙乙 己旬
甲月庚己庚 戊旬余
戊壬己丙 庚余
丁丙壬乙 乙屯
甲丙丙庚壬 乙丁屯
子丙乙辛 乙屯
甲丙丙丙乙 乙己屯
庚戊丁辛支 乙旬余
乙丁甲戊 丁屯

甲壬丁壬丙 戊文乙
辛己辛乙 壬旬
辛辛戊乙 辛旬
甲甲庚甲支 子旬
甲丙庚乙
甲丙庚乙 戊庚余
乙月乙戊 庚余
戊壬庚壬 乙辛屯
甲壬乙丙乙 乙壬屯
甲壬己丁丙 乙甲屯

## 丁余屯交

乙乙甲戊　丁壬屯
甲丙丙戊壬　丁丙屯

## 己余屯交

甲庚壬甲辛　己戊屯

## 辛余屯交

辛辛戊乙交

## 百屯交

辛辛庚乙交

## 自屯肖交

丁甲丁丁子子
己月丙庚丑辰
甲壬巳巳巳東

## 屯交

辛戊庚支　交
己戊壬甲交
己己己丁交

乙乙壬壬　丁庚屯
戊乙丙辛　丁丁屯
甲庚壬辛甲　己丙屯
乙乙乙壬　己甲屯
丙子甲丁
辛辛壬乙　百余屯
丁甲月戊　丑
己己甲壬　巳
壬壬乙丁　酉
壬乙乙乙　申
辛丁甲丁　交
己乙辛甲交
甲戊甲甲戊交

甲丙戊甲庚　丁戊屯
甲丙壬乙支　丁壬屯
甲庚乙戊丙　己庚屯
甲庚庚乙甲　己乙屯
丙子戊支
壬甲甲甲　寅
己壬己壬　午
丁庚乙戊　戌
丙甲丁乙　交
己丁壬乙交

庚丙辛乙　丁余屯
甲丙乙丁庚　丁甲屯
甲庚斥足　丁己屯
甲壬庚戊己　己壬屯
甲丙戊戊庚　己辛屯
丁乙壬丙　曾屯
壬壬丙丙　卯
己壬甲壬　未
丁丁乙壬　亥
甲戊甲壬壬　交
甲戊甲壬己　爻
戊己丁丁　双屯

## 月屯爻

甲月乙壬甲
丙丙丙壬壬
壬丁辛乙辛

戊己辛辛丙
壬庚壬戊乙
壬己乙己癸

甲辛己甲戊
丙甲壬庚丁
庚己丙戊甲

壬乙己己庚
甲庚庚甲
丙甲甲乙己
戊丁庚丙丙

## 季屯爻

壬戊庚丙
甲丙壬爻
甲壬丙丙辛

壬己辛乙
甲丙乙爻
壬己甲己辛

[illegible]庚壬
甲[illegible]戊庚爻
壬辛辛辛

甲庚丙辛辛
甲戊戊壬
甲丁乙己

## 冬年爻

甲丙月戊己子
甲丙月丁己辰
甲丙甲甲己申

甲丙月庚己丑
甲丙月己己巳
甲丙甲丙己酉

甲丙月壬己寅
甲丙月子子午
甲丙甲戊己戌

甲丙月乙己卯
甲丙甲月己未
甲丙甲庚己亥

軍文

甲庚己甲　壬火
甲庚丙丙月　庚土
甲庚丙庚子　丁匹
甲庚丙己丁　丁水
甲庚戊戊月　丁火
甲庚戊丙午　丁水
甲庚戊丙己　戊水
甲庚戊丙子　庚火
甲庚戊戊庚　卯火
甲庚庚月子　壬土
甲庚庚丙戊　土
甲庚庚月丁　癸火
甲庚庚庚亥　丁火
甲庚庚甲　癸火
甲庚庚丁庚　卯火
甲庚壬乙亥　癸火
甲庚己壬　丙火
甲庚丁月庚　壬水
甲庚丁月壬　甲火
甲庚壬巳丑　丙火
甲庚己丙甲　辛火
甲庚己庚亥　辛火

軍文接

甲庚己丁甲　辛火
甲庚己己甲乙　癸水
丙月月丙　壬水
丙月丙戊土　壬火
丙月丁丁　庚土
丙月辛丁　丁土
乙丙月甲　甲水
乙丙甲庚　癸水
丙月壬庚　丙水

亥軍

庚月乙甲　火
己月月丁　火
庚甲壬丁　火
己月甲丙　才
己月甲庚　火
己月丙丁　火
己月庚亥　水
甲甲月丁丁　官
甲甲月乙己　土
甲甲月壬子　甲火

壬軍

己月戊亥　火
己月甲壬　火
己月戊丁　火
庚月甲甲　土
甲月子甲亥　業
甲月子甲壬　報
丙月己戊　土皮
乙甲子庚　土
丙月丁乙　水
丙甲丙甲　水
丙甲壬甲　水
丙甲丙甲己　水
丙月子乙庚　辛
甲月丙戊辛　火
甲甲月己子　土
甲月子甲丁　火

戊軍

辛月甲壬　火
甲甲月丁己　水
甲甲月子子　水
甲甲月子亥　榮
戊月子庚　官
甲甲月辛己　火
戊己月亥壬　水

己軍

子月丙亥　木
戊月子壬　火
甲壬丁己戊　三
甲庚壬壬己　四

## 癸軍

子月乙支 水
子月乙子

## 雜軍

子甲己甲
戊甲甲支
戊甲甲丙
乙甲月己

癸水
辛火
辛火
才辛火

## 杂印文

甲壬乙戊壬
甲壬乙丁壬
甲庚月壬文
甲庚壬壬庚
甲庚己甲子
甲庚己戊夫
甲壬甲乙壬

子月丁己
子月丁甲
甲甲月甲甲

戊甲丙壬
戊甲甲壬
丙月庚壬
丙月壬庚
乙甲乙子甲

子甲戊壬
子甲庚甲
子甲壬乙

丙月甲子
丙月庚支
丙月壬丙
乙甲甲甲
乙甲乙支
甲壬己乙甲

子甲壬己
子甲丁子
子甲子子

子甲庚壬
乙甲丙甲乙
乙甲庚支
甲壬壬己巳
甲庚甲甲巳

## 五方運文

丁子月戊 東
丁子己戊 中

庚乙甲己 東
丁辛丙壬 西

丁子庚戊 南
丁辛己戊 北

## 五行運動文

壬壬甲甲 水癸
甲丁月丙 火丁
丁甲壬庚 木甲乙

丁丙戊丁 水癸
甲丁庚庚 金辛
甲己月庚 木

甲丙戊己 水癸
丁甲己丙 土己

丁月子庚 火丁
丁甲戊壬 金火
甲己庚乙 土己

## 天運漸半宮

甲月丙壬子 甲
甲月戊寅文 壬
甲月庚丙文 辛

甲月丙乙夕 丙
甲壬月乙乙 乙
甲月庚文 癸

甲月丙子子 戊
甲月戊辛辛 丁

甲月戊月足 庚
甲月庚月足 己

## 天運半宮

甲甲庚壬甲 甲
甲甲戊己甲 壬
甲甲戊乙甲 辛

甲甲戊丙戊 丙
甲甲甲子庚 乙
甲甲庚月己 癸

甲甲丙乙庚 戊
甲甲丙壬乙 丁

甲甲戊丙文 庚
甲甲丙己庚 己

## 地運半宮

甲甲月月戊 子
甲月庚戊 辰
甲月乙戊 申

甲月月甲戊 丑
甲月月壬戊 己
甲月月辛戊 酉

甲月月丙戊 寅
甲月月乙戊 午
甲月甲月戊 戊

甲月月戊戊 卯
甲月月丁戊 未
甲月甲甲戊 亥

## 天運火宮

甲戊月月甲　甲
甲丙乙甲己　壬
甲甲乙子壬　辛

## 地運火宮

甲戊乙月丁　子
甲戊辛戊子　辰
甲戊子乙戊　申

## 天運土文

甲戊乙壬甲　甲
甲戊丙子丙　壬

## 地運土宮

甲戊丁乙甲　子
甲戊丁己戊　辰
甲戊己月庚　申

## 天運水宮

甲戊丙壬丙　甲
甲戊丙子丙　壬
甲戊庚壬庚　辛

甲戊月庚　丙
甲戊月乙支　乙
甲月己丙壬　癸
甲戊乙甲庚　丑
甲戊子己戊　己
甲戊丁壬戊　酉
甲月庚戊支　丙
甲戊月甲戊　乙
甲戊丁丁庚　丑
甲戊戊子庚　己
甲戊乙甲子　酉
甲丙戊子支　丙
甲戊丙月丙　乙

甲丙月乙丙　戊
甲戊壬壬甲　丁
甲戊壬壬己　甲
甲甲庚月足　寅
甲壬乙辛壬　午
甲月乙月己　戊
甲戊丙庚丙　癸
甲戊乙己支　戊
庚庚庚甲
甲戊子庚　寅
甲戊壬丙庚　午
甲戊月月乙　戊
甲戊乙月庚　癸
甲壬戊丁支　丁

甲丙戊月壬　庚
甲戊壬乙丙　丙
壬乙子壬　午
甲戊子丁庚　未
甲戊丁庚庚　亥
甲月己丁戊丙　丁
甲月丁乙丙　己
甲戊辛庚乙　卯
甲戊壬戊壬　未
甲戊月甲壬　亥
甲戊甲甲庚　庚
甲戊庚庚甲　己

# 否宮

地運水宮
甲戌月丙甲 子
甲戌月乙己 辰
甲晚乙甲壬 申
天運右爻
甲月月月己 甲
甲月月庚己 戊
甲月月己己 壬
地運右爻
甲月甲月己 子
甲月甲庚己 辰
甲月甲己己 申
甲宮
甲月月丙
甲乙戊乙
乙宮
甲月甲乙
甲子子戊
丙宮
甲壬月月甲
甲庚庚丙支

甲甲丁丙庚 丑
甲甲丁戊庚 己
甲戊壬己甲 酉
甲月月甲己 乙
甲月甲壬己 己
甲月子己 癸
甲月甲甲己 丑
甲月甲壬己 己
甲月甲子己 酉
甲月甲壬
甲子壬甲
甲月戊丁子
甲甲丙支
戊丁戊庚
子子子己

甲甲丁丁丁 寅
甲戊月乙 午
甲甲月丁戊 戊
甲月月丙己 丙
甲月月乙己 庚
甲月甲丙己 寅
甲月甲乙己 午
甲月丙月己 戊
甲月庚丙
甲子丁甲
甲丙戊丙
乙甲甲甲
戊丁庚戊
甲月丙庚支

甲戊月戊戊 卯
甲戊月乙庚 未
甲戊己丙庚 亥
甲月月戊己 丁
甲月月丁己 辛
甲月甲戊己 卯
甲月甲丁己 未
甲月丙甲己 亥
甲己月甲
戊月丙丙
甲子丁壬
甲子己子
甲月甲甲
甲月辛丙

丁宮
辛乙丙支
丙辛辛甲
甲庚戊支甲
戊宮
戊戊甲甲
己宮
甲月月戊
庚宮
甲子壬子
辛月丙甲
辛宮
辛辛子甲
壬宮
辛壬丁辛
癸宮
戊辛庚乙
子宮
辛丙丙己
辛庚甲丙
壬庚甲甲
子庚月丙
子庚壬丙

甲月月壬
甲甲戊甲
甲壬丙戊戊
甲月己甲
甲庚己丙
甲月甲己
乙乙庚己
甲庚己丁
甲甲丙丙
子乙月足
戊子戊庚
乙丙丙庚
戊子己乙
壬月辛甲
壬庚壬支
子庚戊甲
壬甲戊甲
壬丙戊甲

甲庚戊乙支
戊丁子丁
甲戊壬丁子
甲庚丁己戊
戊己甲支甲
甲月壬甲
甲庚庚甲己
戊子子戊
己丁甲支
甲甲戊戊
甲庚庚丙丁
戊子己己
甲戊丁壬庚
子甲子丁
子庚戊丁
壬丙甲丙
辛丙戊丁土
辛壬月足土

甲丙月月己
壬丁乙甲
戊己月足
乙甲足
戊子子甲
甲丙甲子
甲月丙月壬
甲庚戊丙子
甲庚庚月子
甲戊丁庚壬
甲庚庚戊支
甲庚庚庚甲
甲甲甲月甲
壬月甲壬水
壬月己支水
辛丙丁己水
壬甲壬丙土
壬壬月乙火

甲月己戊壬
辛丙乙甲
辛壬戊甲
壬月丙己
壬戊甲庚
辛丙辛辛

## 丑宮

丙戊丙己
丙戊丁戊
乙戊丙丁
乙戊己支
乙丙丁庚
丙丙辛丙
乙丙壬支
乙庚月己
乙庚壬丙
乙庚己丙
乙庚丁庚

壬丙乙文
辛壬辛丙
辛戊辛支
辛壬乙甲
辛月庚丙
壬戊戊甲

丙丙辛乙
丙庚甲庚
乙戊戊己
乙戊辛己
丙戊甲支
丙丙戊戊
丙戊辛戊
乙丙壬丁
乙庚甲辛
丙庚戊庚
甲月己戊乙

壬庚丁丁
甲月己戊支
辛庚丁己
壬月月辛
壬月丁丁

丙戊庚丁
乙丙辛丙
乙戊庚己
乙庚戊丁
丙戊戊壬
丙丙戊乙
丙庚月丁
乙丙乙庚
乙庚庚乙
丙庚戊丁

壬庚戊丙
壬月辛乙
辛壬己丙
甲月己戊丙

丙戊壬丁
乙戊甲丙
乙戊乙丙
丙丙丁庚
乙丙戊辛
丙丙庚丙
丙庚甲乙
乙丙己辛
丙庚丙支
乙庚乙己
甲月己庚丙

## 寅宮

庚庚丙支
庚庚己支
庚壬辛丁
己丙月甲
庚乙戊甲
己丙丁庚
甲月己庚乙

## 卯宮

庚辛己壬
庚辛辛辛
戊壬丙戊
庚辛己庚
庚~~己~~辛甲甲
戊戊[illegible]壬甲

庚庚戊己
己甲丙支
己丙戊辛
己戊月丁
庚戊戊甲
己甲月月足

甲月己壬丙
庚辛己辛
戊庚月足
戊壬辛丁
戊庚己支
戊丙戊戊

戊戊庚甲
己甲乙支
乙丙庚辛
庚戊庚支
己月己支
庚乙壬庚
甲月己庚己

戊乙甲支
甲月己壬乙
庚辛辛支
戊戊丁丁
甲甲月月庚
戊丙甲壬

庚庚乙支
庚乙月足
己甲辛戊
己丙己己
庚壬己支
己丙乙支
己戊丙壬

庚辛辛丙
戊庚乙支
戊壬乙支
庚辛丁辛
戊丙乙支
甲月己壬支
庚子丁丁

## 卯辰宮

丙月己甲
壬乙甲甲
丙月戊己
丙甲甲己
丙月甲壬
壬丙丁甲
丙甲戊己
甲月乙壬

## 巳宮

甲月庚乙
甲月丙丁
壬子乙甲
壬月子戊
甲月丙甲
壬月月甲
甲庚壬壬
甲月己丁支

甲壬庚己丁
丙月丁辛
壬乙壬乙
丙月庚乙
壬戊丙支
丙月辛辛
壬乙己丙
甲月己乙乙

甲月子戊
甲甲子戊
壬子月足
甲甲壬庚
壬子戊丙
甲月戊丙
壬丙丙支
壬子乙壬

甲壬月甲甲
丙月己辛
丙甲月丁
丙月壬己
壬乙甲子
壬月子甲
壬壬月己

壬乙丁己
子壬子子
甲甲丙己
甲丙戊庚
甲甲甲支
壬子庚庚
甲月壬戊
壬己丙支

丙甲丙丁
丙月丙丁
丙月乙己
壬乙甲支
壬丙壬甲
壬丙壬丙足
甲月己乙支

甲甲甲戊
甲甲庚丁
壬辛壬丁
壬月甲甲
壬己甲丁
甲丙己巳

## 午宮

辛乙戊己
子乙丁丙
壬乙甲乙
子壬甲丁
甲月丁乙壬

子乙丁庚
壬壬子丙
壬乙戊庚
子乙甲丙
甲月甲乙

甲庚乙丙甲
子乙庚丙
壬乙月足
壬乙庚乙
壬乙壬丁
壬壬乙乙

壬乙戊甲
子乙乙子
壬乙丙戊
壬壬戊戊
子壬甲子
壬壬丁己

## 未宮

丙庚己丙
乙壬戊乙
乙乙戊庚
丙庚丁己
丁子丙丁
乙乙子子

甲壬戊丁甲
丙庚己子
乙壬子庚
乙乙庚丁
丙壬甲戊
壬乙甲甲己
甲月丁丁支

丙壬丙丁
乙乙甲壬
乙乙丁丁
丙庚庚壬
乙壬乙戊
丙庚丁丁
甲月丁丁己

乙壬月壬
乙乙丙乙
乙乙己子
乙壬丁乙
丙庚壬丁
丙壬乙戊
甲月丁己支

## 申宮

庚丁乙甲
庚乙子乙
己壬壬乙
庚乙壬丁
己庚壬子
庚己壬甲

庚己甲甲
己戊戊子
己壬己庚
己丙己戊
庚乙子戊
己庚丁己

己乙庚丁
庚庚戊丁
己庚子己
己乙月己
庚丁庚甲
庚甲月壬

甲月丁己乙
庚丁壬乙
己壬月戊
己乙甲丁
己庚月足
己庚戊壬

## 酉宮

甲甲月丙丁
甲月甲丁
戊丁乙辛
戊丁戊支
戊乙丙甲
戊乙己支
甲月己甲支

甲月月丙己
戊丁月足
甲月壬支
戊丁戊壬
戊乙壬支
戊丁丁乙
甲月乙甲乙

甲甲月戊丁
戊丁丙丙
戊丁壬己
甲甲月庚支
甲甲月壬甲
戊乙丁支
甲月己甲己
甲壬乙月甲

甲甲月壬乙
戊丁庚庚
甲甲月丙甲
甲甲月庚甲
戊乙乙支
甲甲月壬丁
甲庚戊己支

## 戌宮

丙丙乙丙
丙甲己支
壬己丙甲
壬丁甲壬
壬己丙丁
丙丙戊辛
壬丁丁戊

丙丙丁子
丙丙辛丁
丙丙壬庚
甲月丁辛乙
丙甲丁支
壬丁戊辛
丙甲壬己
壬丁辛壬

甲月己足
丙戊丙乙
壬辛丁辛乙
丙丙丙辛
壬己月戊
丙丙月己
壬丁戊戊

丙戊戊丁
丙戊月乙
壬己月甲
壬己甲丙
丙丙甲壬
壬丁壬辛
壬己庚丁

## 亥宮

甲乙壬甲
壬辛己戊
辛丙庚亥
壬辛丁支
壬辛丁丙
甲月己丙

己丙戊乙
甲乙丁丙
壬辛己乙
甲丁丙甲
壬辛丁乙
甲庚壬庚

甲己丙甲
甲月己丙己
甲丁月辛
壬辛辛支
辛甲戊甲
甲戊己支

甲壬乙支
辛戊庚支
庚甲壬丁
甲乙丙支
甲庚月足
壬辛乙庚
甲月己丙支

正印文

庚月丙戊
甲月辛甲己

梟神文

丙甲庚丙乙
乙丙月乙
乙辛庚辛
乙丙月丙

日太

傷文

甲甲月丁支
甲甲月丁丁
。甲甲月乙巳

食文

甲甲月壬己
戊甲戊丙

官文

甲月月丙
丙月戊乙
乙甲壬己

乙甲辛壬
乙丙甲辛
乙丙月辛
丙丙甲己

甲甲月戊丁
辛月庚支
子月壬壬

甲月乙子己
丙月庚支
乙甲丁甲

甲月辛月庚
丙月己戊戊
乙甲辛壬
丙月丁乙
乙甲辛丙

甲甲月己
甲甲月丁乙
子月壬子

甲月己己丁
丙月戊丙
甲月己子手

乙丙甲甲
甲月辛月乙
乙辛丙支
甲月辛月丁

甲甲甲月甲
甲月己己乙

杀爻

壬子甲丙
乙月戊壬
乙月壬壬
乙月子支

壬子甲乙
乙月壬支
乙月乙支
乙辛壬辛

壬子甲子
乙月壬戊
壬子戊支
乙月丁支

壬子丙乙
丙月庚戊
乙月己支

才爻

乙月月戊
壬己戊甲
壬己己支
乙月月壬

乙月甲丙
乙月甲壬
甲月己己丙
乙己壬甲

乙月甲庚
壬己丁甲
乙月月甲
乙月月子

乙月丙庚
壬己丁丁

偏才爻

子甲戊己
甲甲甲乙乙
甲甲丙甲支
子甲子壬

甲甲甲丁甲
甲甲丙庚支
甲甲甲己支

甲甲甲壬乙
甲甲甲己丁
甲甲甲乙庚

甲甲丙丙乙
子甲乙支
甲甲丙月乙

刼爻

庚子甲支
庚子戊甲
庚子戊戊
戊月己戊

乙丁乙子
子子壬己
庚子丙子
戊月丁支

庚子丙甲
戊月丁戊
戊月庚甲
庚子丙丙

甲月子丙丙
戊月丁庚
庚子丙己
庚子戊丁

戊月丁丁
乙丁庚壬
比文
庚己己丙
戊月丙乙
戊月月子
乙子乙甲
庚己己乙
戊月戊壬
正卩文
己月壬丙
庚甲丁戊
梟文
丙乙丁甲
乙子丁壬
傷文
乙己月庚
食文
戊甲壬庚

戊月戊己
甲月子庚丙
戊月戊壬
戊月壬壬
庚己丁甲
戊月丙支
庚己乙壬
庚子月丙
己月庚戊
庚甲子乙
丙乙乙己
乙己甲支
戊甲庚丙

戊月己丙
戊月壬己
庚己丁戊
戊月壬支
庚己丁支
庚己己支
乙丁丙戊
戊月月庚
己月庚壬
乙子乙庚
戊甲庚支

戊月乙戊
庚子戊己
戊月己戊
戊月戊支
戊月丙戊
庚己己丙
庚丙丁丙
乙子丁支

官爻
乙甲丁巳
丙月乙戊
乙甲巳丁
丙月丁甲
乙甲巳辛
丙月壬子

杀爻
丙丙甲丙
乙月子戊
乙月子巳
乙月庚支
乙月子甲

才爻
壬子月壬
甲乙庚庚
乙月丙子

扁才
子丙月丁

刼爻
戊月子丙
庚子戊巳

比爻
辛壬丁戊
乙丁戊支
乙丁戊壬

姤日爻
乙丁月丙
乙丁甲甲
庚庚月甲
乙丁甲巳

姤梟爻
丙乙壬巳

姤傷爻
乙巳甲壬
子子丁乙
辛辛丁巳

姤食爻
乙丁巳庚
辛辛乙巳
乙丁巳子
子子丁甲

姤官爻
乙辛戊壬
丙乙戊戊
乙辛庚壬
丙乙壬乙
乙子壬壬
丙乙丙壬

姤杀爻
甲月巳丁巳
乙巳子支
丙乙月庚
乙辛甲甲
丙乙甲壬
乙子丙甲
丙乙月丙
甲月巳巳支

姤才爻
乙巳壬甲
丙壬巳乙
乙巳乙丁
丙壬子戊
乙巳丁巳
丙壬丁庚

姤扁才爻
乙巳丙壬
子子巳乙
乙巳戊丙
辛辛巳巳
乙巳庚丁
辛辛巳戊

姤刼爻
子巳丙戊
辛巳戊戊
乙丁壬丙
子子壬巳
辛巳甲戊
乙丁乙子
乙丁丁巳

姤比爻
乙丁丙戊
子丁子戊

甲月度
丁月月甲
丁月戊丙
丁月甲壬
丁月庚支
丁月甲甲
丁月月己
甲丙丁己
庚辛乙乙
丁月丙庚
丁月甲戊
丁月月壬甲
丁月壬支
丁月辛
庚辛丙己
甲月甲己戊

乙月度
丁乙戊丁
壬辛戊庚乙
甲庚甲支丁
甲壬甲己丁
丁乙戊戊

乙丁辛丁
。子子乙甲

丙月度
丁月庚丙
丁月己支
甲庚甲壬乙
丁甲乙支
甲丙子丁
丁月乙支
甲壬甲己支
甲壬甲壬庚
丁月庚己
庚子壬庚
丁甲丙支
丁月丁庚
乙己丁[illegible]丙

丁月度
甲戊丁支
戊戊丁戊
戊丁乙甲
戊戊丁辛
戊丁乙己
戊乙甲辛
戊乙己乙

戊月度
丁丙甲丙
丁丙乙支
丁丙甲甲
甲庚己丁丙
丁戊月己
丁丙月足
丁戊乙支
戊丙丙庚
丁戊己支
壬丙壬庚
丁丙月甲戊
丁戊月甲
丁丙甲壬
壬子月丁

己月度
甲月辛庚甲
甲月辛庚支
甲月辛丙
甲月辛戊
甲月辛戊甲
甲月辛丙丁
甲月辛戊壬
甲月辛戊丙
甲月辛丙支

庚月度
丁庚戊丁
甲庚甲甲乙
丁壬庚辛
丁庚己支
丁壬庚支
乙庚丙子
丁壬乙支
甲壬戊辛
丁庚乙支
丁庚庚支
甲己丙庚

壬月度
甲壬丙支己
壬丁戊丁
甲壬月乙戊
甲壬甲己甲
丁壬丁辛
丁壬辛辛
丁乙甲丁
丁乙月乙
丁乙月足
丁壬己支
丁乙月甲
壬丁戊戊

丁乙丙己
甲庚甲亥己
戊甲乙丙
戊甲己亥
戊甲丁甲
甲庚甲亥子
戊甲壬乙
戊甲己甲
丁乙庚亥

## 辛月度

甲月辛庚己
甲月辛壬壬
甲月辛壬亥
甲月辛庚壬
甲月辛庚丁
甲月辛庚丙
甲月辛壬庚
甲月辛壬甲

壬丁乙亥
壬乙丁辛

## 癸月度

己丁戊甲
甲月辛肌丙
甲月辛乙庚
己丁戊己
己丁月壬亥
戊丙丙己
甲月辛乙亥
甲月壬壬己
甲月辛乙戊
庚辛壬亥甲
己丁庚戊
甲庚甲壬丁
庚月辛壬亥
甲月辛乙壬
甲月辛乙甲
甲月辛壬丙
己乙壬丙
甲月辛壬丁
甲月辛壬乙
乙月甲己

甲月辛丙乙
甲月辛戊庚
甲月辛戊乙
壬辛庚丙
甲壬甲己丁
壬辛壬亥

丁乙月庚
丁乙丙丙
丁己甲亥
丁乙丙丙亥

## 癸甲度

己己丙壬
己己壬丙
己己子丙
己己丁甲
甲月辛己丙
甲月辛丁甲
甲月辛丁乙
甲月辛丁己
甲月辛丁戊
甲月辛丁庚
甲月辛己支
甲月壬丁壬
己丁乙子
己丁壬丁
己子甲戊
甲月辛乙己
甲月辛丁
甲月辛丁丙
乙月丙支

## 癸丙度

甲戊乙乙壬
甲月辛己丙
甲月辛辛庚
甲月辛巳戊
甲月辛辛戊
甲月辛辛支丙
甲月辛辛支甲
甲乙己壬丁
甲月辛己甲
甲月辛辛
甲月月足
庚子壬丙

## 甲月流年度

甲壬壬乙辛 乙
甲戊丁己己 丁
甲戊乙庚戊 己
甲戊己丙己 辛
甲戊己甲甲 庚支
甲戊丁辛甲 甲
甲戊丁己庚 丙
甲戊辛乙丙 戊
甲戊己己丁 壬
甲戊己乙丁 乙
甲戊己乙戊 丁
甲戊辛乙庚 己
甲月己辛壬 辛
甲庚丙月己 癸
甲壬丙甲子 甲
甲壬戊乙己 戊
甲壬戊丁子 庚
甲壬庚壬甲 丁
甲壬壬壬壬 己
甲壬乙甲庚 乙支

甲壬乙庚支 甲
甲壬乙壬子 丙
甲壬乙己支 戊
甲戊乙丁己 士
乙己壬支
庚子壬支丁
甲壬丙壬乙
甲戊乙丁丁 乙
庚乙庚乙 丁
辛甲月辛 己
丁庚乙己 丁支
戊丙壬庚 甲
己乙丙丁 丙
戊壬己戊 庚
壬丙月甲 壬
壬丙辛己 乙
戊己戊丁 丁
甲庚辛戊

### 小厄宮

乙乙壬支
乙子巳甲
乙乙丁甲
甲戊丁丙壬

### 流童甲度

子月壬壬
巳甲丙甲
戊丙巳支

### 丙度

甲戊月巳
乙巳子子
丁戊丙庚
戊巳庚壬

### 戊度

乙辛庚戊
戊戊丙庚

### 庚度

乙子戊子
巳甲丙丁

甲戊丁戊巳
甲戊月甲丙
甲戊辛巳辛
甲戊辛巳戊

### 壬度

乙子丁子
壬戊月丙
壬戊丙戊

### 乙度

丁庚子丁
壬月月丙
丁庚甲戊
巳丙壬庚

### 丁度

庚月子子
壬庚壬巳
戊戊丙巳

甲庚乙巳辛
甲庚丁丙丙
丁月乙戊
庚丁月戊

### 巳度

甲戊壬壬
壬月甲庚
戊月丙庚
丁戊甲子

### 辛度

庚月丙甲
巳丁丁乙
巳壬子戊
乙壬甲戊

### 癸度

壬月甲子
甲戊乙支
丁庚丙巳
庚乙乙丁

甲庚巳壬支
甲戊戊丙戊
甲壬壬壬戊
甲庚巳甲支

## 日月屯童甲度

甲甲甲月子
戊甲壬丙
甲甲甲月己
甲月月月甲

## 乙度

甲壬己甲丙
乙己月戊
甲月月壬甲

## 乾坤屯度

甲甲月月甲
甲甲月辛甲
子甲甲壬
丙己壬甲

## 子度屯文

己己戊子甲
丙己乙戊庚
甲甲丙壬己
甲甲月丙子
壬戊月丙
壬戊月丁

## 丙度

戊己壬乙
甲甲戊甲支
甲月甲甲

## 丁度

壬丙甲甲
甲甲丁壬支
甲月乙甲

## 關度

丁丁庚甲
甲戊乙丙
甲戊庚丙乙
甲己子己
甲壬丁丙
甲甲子子支
乙壬甲丙
己庚丙丙

## 戊度

庚丙丁己
甲甲辛丙丁
甲月月丙甲

## 己度

甲壬辛月庚
甲甲子戊甲
甲月月丁甲
己乙甲支

## 叔度

子戊丙己
戊己丁丁
壬甲甲己

## 双度屯文

甲丙甲壬己
甲丙甲子己
甲丙甲丁己
甲丙甲己己

## 庚度

庚甲月壬
乙戊丙辛
甲月月戊甲

## 辛度

丁壬戊乙
壬甲丙丙
甲月月己甲

## 屯文

丁戊乙子庚
子庚甲子甲
丁庚丙庚
壬子壬子

## 品度屯文

丁戊乙子
丁庚丙庚
壬甲甲乙

## 壬度

己壬庚乙
甲甲辛丙丙
甲月月庚甲

## 癸度

丁丁壬庚
乙乙丁戊
甲月月子甲
壬子壬乙
子戊子己
丁庚子子
子壬甲己

## 童錮文

丙丙己庚
壬甲戊丙

劫解交犯

乙巳月巳
乙巳壬丙
乙巳丁亡

姤天運

甲庚月甲乙
甲庚月月戊
甲庚月丙戊
甲庚月戊巳
甲庚月月乙
甲庚月丙巳
甲庚月戊甲
甲庚月壬丁
甲庚月甲巳

甲乙丙丁戊己庚辛壬癸

乙巳丙庚
乙巳壬乙
乙巳丁戊

姤地運

甲壬庚月戊戊
壬庚乙甲
甲庚月庚子
甲庚月月巳
甲壬戊甲子
甲丙乙辛乙

子丑寅卯辰巳午未申酉戌亥

乙巳丙丁
乙巳乙子
乙子甲壬

童天火

甲壬月月子
甲壬月丙支
甲壬丙戊丙
甲壬丙丙巳
甲壬丙庚甲
甲壬月甲丁

甲乙丙丁戊己庚辛壬癸

乙巳庚甲
乙巳巳庚
乙子庚甲

童地火

甲壬丁丁戊
甲壬丁巳壬
甲壬丁巳丁
甲壬丁辛甲
甲壬丁丁壬
甲壬丁巳子
甲壬丁子丁
甲壬巳月乙
甲壬巳月巳
甲壬巳甲支

子丑寅卯辰巳午未申酉戌亥

## 天姤水

甲庚月丁甲
甲庚戊丙甲
甲庚戊丙己
甲庚戊丙戊
甲庚戊甲庚
甲壬丙甲甲

甲乙丙丁戊己庚辛

## 師卦

甲戊乙庚辛
甲戊壬月丁

## 師合納

甲丙丙辛戊
◦甲乙丁丶矢 金未屯

## 頤卦

乙月甲支 高曾

## 地姤水

甲庚辛辛支
甲庚辛壬甲
甲庚丁月庚
甲庚丁甲甲
甲庚丁甲丁
甲庚丁丙戊
甲庚丁甲戊
甲庚丁甲支
甲庚丁丙辛

子丑寅卯辰巳 午未申戌亥

## 初入空

丙丁丙甲
丙己戊己
辛甲辛甲
丁乙甲戊
丙丁辛乙

## 童天水

甲庚甲戊甲
甲庚甲戊丁
甲庚丙庚辛
甲庚丙戊庚
甲壬丙月戊
甲庚甲庚甲
甲庚甲乙甲

甲乙丁戊庚壬癸

## 中入空

辛丙戊甲
庚辛己丙
壬丙甲己
辛丙甲甲 木艮屯
己乙甲乙
壬甲乙壬
壬丙戊己
甲乙丁庚 金未屯
己月丙己 日艮出
丁乙戊甲
壬丙月己
戊丁庚壬

## 召走文

乙庚月子 水火金水屯
丙己乙支 火土入空
乙丙甲支乙 金木币走生 十水年屯
甲戊乙乙丙 走衆
乙乙月壬 金木币屯 水火 召走

## 召定宮

水

甲戊己丙丁
甲戊乙戊支
甲戊乙丁庚
甲戊辛丁甲
甲戊辛壬甲
甲戊壬月甲

## 冬入空

丙月庚甲
庚丙辛甲
丙戊戊辛
丙壬辛己

## 文入空

壬戊庚支
壬乙甲戊
壬戊乙丙
壬乙壬己
壬丁壬支
壬壬丁乙

## 先化宮

辛丁乙戊
辛月丙己
辛甲乙辛
辛月甲庚
辛甲乙辛
辛月乙甲庚

## 師卦合走

甲月丁戊支
甲月丁庚支
甲月己丁丁
甲甲丁戊乙
甲甲丁壬戊

## 不合宮

辛甲丁甲
己壬乙壬

## 曾官交

丁辛戊壬
甲丙乙乙支

## 持曾交

壬丁月壬
丁丁乙丁

## 空屬交

甲戊乙丙甲
甲戊乙戊庚
甲戊子月丙
甲戊子月己
甲戊子月壬
甲甲壬丁甲
甲甲乙月庚
甲丙己壬戊

## 走羊冬

甲庚庚壬丁
丁壬丁乙
丁庚丁丁
丁壬丁戊

## 大曾交

乙戊丁丁
乙丙丙甲
甲戊月戊甲
甲戊月戊丙

## 空交

己戊壬甲
己丙子丙
甲庚戊丙
己丁月足
己戊壬支
丙丙庚壬
己月戊戊
己丁乙甲
乙甲庚壬
壬月月戊
甲甲乙乙甲
己戊壬丙
己乙月甲

## 文曾交

甲月庚庚
甲月丁子
甲庚壬子
乙乙庚壬
甲甲己子

曾戒爻
乙庚丙甲
乙月壬己
乙月丙己
乙月己庚
乙月庚己
丙月乙壬

老大爻
己壬甲乙
乙壬庚支
己壬丁甲

由毛
乙壬乙壬
甲月丙己戊
甲月戊戊戊
甲月丙乙戊
甲月戊甲戊
甲月戊壬戊
乙乙乙壬
甲月丙丁戊

曾說爻
甲甲甲月丁
甲甲甲己甲
甲甲甲庚子
甲甲丙庚乙
甲甲甲乙丁
甲甲丙甲乙

文石爻
丁丁子己
丁戊庚子

丙
庚庚甲丁
丁庚壬丙

戊
壬庚甲丁
丁乙庚己
丁壬己甲

庚
丁丁月丙

壬
丁甲壬支

貴人尊
丁庚己丁
丙甲戊子
庚己戊壬
丙月丁壬
丙丙己己
丙甲月子
丙戊己子

貴人轉
庚甲丙庚
庚甲戊辛

乙
乙壬月庚
乙壬庚子
乙乙月丙

丁
丁丁子丁

戊旬動
甲甲戊丙庚
甲甲壬乙乙
丁壬甲壬
丁壬戊己

貴人空
庚月丙戊
庚月壬戊
庚月戊壬
庚甲乙子
庚月丁丁
庚甲己文

甲 官品
子巳子丁
子子月丙
子干甲丙
丙
子子戊丙
子子丙丙
戊
子子庚丙
子子壬丙
子子乙丙
子子丁丙
甲甲戊壬支
甲甲戊壬戊
又戊
甲甲庚甲戊
甲甲庚丙戊
甲庚丙壬乙
甲庚丙乙丁
甲庚丙乙巳
甲庚丙丁支
甲庚丙丁戊
甲庚丙子巳

庚
甲甲庚丙子
甲甲庚戊戊
甲甲庚庚戊
又庚
甲甲庚乙戊
甲甲庚丁戊
甲甲庚巳戊
甲甲庚子戊
甲甲壬月戊
甲甲壬丙戊
又庚
甲甲壬甲戊
甲甲壬戊戊
甲甲壬庚戊
甲甲壬壬戊
甲庚庚月丙
甲庚庚丙壬
甲庚庚丙乙
甲庚庚戊戊
甲庚庚戊巳

壬
甲甲壬乙戊
甲甲壬丁戊
甲甲壬巳戊
甲甲壬子戊
甲甲月子戊
甲甲甲月戊
甲甲甲甲戊
甲甲甲丙戊
甲甲甲戊戊
又壬
甲甲甲壬戊
甲甲甲庚戊
甲甲甲壬戊
甲甲甲乙戊
甲甲甲丁戊
甲甲甲巳戊
甲甲甲子戊

乙
甲甲丙月戊
甲甲丙甲戊
甲甲丙丙戊
甲甲丙戊戊
甲甲丙庚戊
甲壬甲庚乙子
甲壬庚戊壬
甲壬庚戊丁
又乙
甲甲丙壬戊
甲甲丙乙戊
甲甲丙丁戊
甲甲丙巳戊
甲甲丙子戊
巳 官品
甲庚庚乙戊
甲庚庚乙丙
甲庚庚丁壬
甲庚庚丁巳
甲庚庚巳丁
又巳
甲庚庚巳巳

甲庚丙子壬
甲庚戊丙支
甲庚戊戊丁
甲庚戊戊巳
甲庚戊庚丙

困於交

甲庚月辛辛
甲庚月戊壬
甲庚巳丙支

官於交

甲庚月丁戊
甲壬丁丙甲
甲壬丁戊支

火於交

甲庚巳庚巳
甲庚巳乙甲
甲庚辛月丙水

火於交

[illegible]庚月巳戊
甲庚月巳辛
甲庚月壬巳

中於[illegible]

甲庚月辛甲
甲庚甲甲辛
甲庚月乙甲

| | | | |
|---|---|---|---|
| **占筮類** | | | |
| 1 | 擲地金聲搜精秘訣 | 心一堂編 | 沈氏研易樓藏稀見易占秘鈔本 |
| 2 | 卜易拆字秘傳百日通 | 心一堂編 | |
| 3 | 易占陽宅六十四卦秘斷 | 心一堂編 | 火珠林占陽宅風水秘鈔本 |
| **星命類** | | | |
| 4 | 斗數宣微 | 【民國】王裁珊 | 民初最重要斗數著述之一；未刪改本 |
| 5 | 斗數觀測錄 | 【民國】王裁珊 | 失傳民初斗數重要著作 |
| 6 | 《地星會源》《斗數綱要》合刊 | 心一堂編 | 失傳的第三種飛星斗數 |
| 7 | 《斗數秘鈔》《紫微斗數之捷徑》合刊 | 心一堂編 | 珍稀「紫微斗數」舊鈔秘本 |
| 8 | 斗數演例 | 心一堂編 | |
| 9 | 紫微斗數全書（清初刻原本） | 題【宋】陳希夷 | 斗數全書本來面目；有別於錯誤極多的坊本 |
| 10－12 | 鐵板神數（清刻足本）——附秘鈔密碼表 | 題【宋】邵雍 | 無錯漏原版秘鈔密碼表　首次公開！ |
| 13－15 | 蠢子數纏度 | 題【宋】邵雍 | 蠢子數連密碼表打破數百年秘傳　首次公開！ |
| 16－19 | 皇極數 | 題【宋】邵雍 | 清鈔孤本附起例及完整密碼表研究神數必讀！ |
| 20－21 | 邵夫子先天神數 | 題【宋】邵雍 | 附手鈔密碼表研究神數必讀！ |
| 22 | 八刻分經定數（密碼表） | 題【宋】邵雍 | 皇極數另一版本；附手鈔密碼表 |
| 23 | 新命理探原 | 【民國】袁樹珊 | 子平命理必讀教科書！ |
| 24－25 | 袁氏命譜 | 【民國】袁樹珊 | |
| 26 | 韋氏命學講義 | 【民國】韋千里 | 民初二大命理家南袁北韋 |
| 27 | 千里命稿 | 【民國】韋千里 | 北韋之命理經典 |
| 28 | 精選命理約言 | 【民國】韋千里 | |
| 29 | 滴天髓闡微——附李雨田命理初學捷徑 | 【民國】袁樹珊、李雨田 | 命理經典未刪改足本 |
| 30 | 段氏白話命學綱要 | 【民國】段方 | 民初命理經典最淺白易懂 |
| 31 | 命理用神精華 | 【民國】王心田 | 學命理者之寶鏡 |

| | | | |
|---|---|---|---|
| 62 | 地理辨正補註 附 元空秘旨 天元五歌 玄空精髓 心法秘訣等數種合刊 | 【民國】胡仲言 | 貫通易理、巒頭、三元、三合、天星、中醫 |
| 63 | 地理辨正自解 | 【清】李思白 | 公開玄空家「分率尺、工部尺、量天尺」之秘 |
| 64 | 許氏地理辨正釋義 | 【民國】許錦灝 | 民國易學名家黃元炳力薦 |
| 65 | 地理辨正天玉經內傳要訣圖解 | 【清】程懷榮 | 秘訣一語道破，圖文并茂 |
| 66 | 謝氏地理書 | 【民國】謝復 | 玄空體用兼備、深入淺出 |
| 67 | 論山水元運易理斷驗、三元氣運說附紫白訣等五種合刊 | 【宋】吳景鸞等 | 失傳古本《玄空秘旨》《紫白訣》 |
| 68 | 星卦奧義圖訣 | 【清】施安仁 | 三元玄空門內秘笈 清鈔孤本<br>過去均為必須守秘不能公開秘密<br>與今天流行飛星法不同 |
| 69 | 三元地學秘傳 | 【清】何文源 | |
| 70 | 三元玄空挨星四十八局圖說 | 心一堂編 | |
| 71 | 三元挨星秘訣仙傳 | 心一堂編 | |
| 72 | 三元地理正傳 | 心一堂編 | |
| 73 | 三元天心正運 | 心一堂編 | |
| 74 | 元空紫白陽宅秘旨 | 心一堂編 | |
| 75 | 玄空挨星秘圖 附 堪輿指迷 | 心一堂編 | |
| 76 | 姚氏地理辨正圖說 附 地理九星并挨星真訣全圖 秘傳河圖精義等數種合刊 | 【清】姚文田等 | 蓮池心法 玄空六法<br>門內秘鈔本首次公開 |
| 77 | 元空法鑑批點本——附 法鑑口授訣要、秘傳玄空三鑑奧義匯鈔 合刊 | 【清】曾懷玉等 | |
| 78 | 元空法鑑心法 | 【清】曾懷玉等 | |
| 79 | 蔣徒傳天玉經補註 | 【清】項木林、曾懷玉 | |
| 80 | 地理學新義 | 【民國】俞仁宇撰 | 揭開連城派風水之秘 |
| 81 | 地理辨正揭隱(足本) 附連城派秘鈔口訣 | 【民國】王邈達 | |
| 82 | 趙連城傳地理秘訣附雪庵和尚字字金 | 【明】趙連城 | |
| 83 | 趙連城秘傳楊公地理真訣 | 【明】趙連城 | |
| 84 | 地理法門全書 | 仗溪子、芝罘子 | 巒頭風水，內容簡核、深入淺出 |
| 85 | 地理方外別傳 | 【清】熙齋上人 | 巒頭形勢、「望氣」「鑑神」 |
| 86 | 地理輯要 | 【清】余鵬 | 集地理經典之精要 |
| 87 | 地理秘珍 | 【清】錫九氏 | 巒頭、三合天星，圖文並茂 |
| 88 | 《羅經舉要》附《附三合天機秘訣》 | 【清】賈長吉 | 清鈔孤本羅經、三合訣法圖解 |
| 89－90 | 嚴陵張九儀增釋地理琢玉斧巒 | 【清】張九儀 | 清初三合風水名家張九儀經典清刻原本！ |

| | | | |
|---|---|---|---|
| 91 | 地學形勢摘要 | 心一堂編 | 形家秘鈔珍本 |
| 92 | 《平洋地理入門》《巒頭圖解》合刊 | 【清】盧崇台 | 平洋水法、形家秘本 |
| 93 | 《鑒水極玄經》《秘授水法》合刊 | 【唐】司馬頭陀、【清】鮑湘襟 | 千古之秘，不可妄傳匪人 |
| 94 | 平洋地理闡秘 | 心一堂編 | 雲間三元平洋形法秘鈔珍本 |
| 95 | 地經圖說 | 【清】余九皋 | 形勢理氣、精繪圖文 |
| 96 | 司馬頭陀地鉗 | 【唐】司馬頭陀 | 流傳極稀《地鉗》 |
| 97 | 欽天監地理醒世切要辨論 | 【清】欽天監 | 公開清代皇室御用風水真本 |
| **三式類** | | | |
| 98－99 | 大六壬尋源二種 | 【清】張純照 | 六壬入門、占課指南 |
| 100 | 六壬教科六壬鑰 | 【民國】蔣問天 | 由淺入深，首尾悉備 |
| 101 | 壬課總訣 | 心一堂編 | 過去術家不外傳的珍稀六壬術秘鈔本 |
| 102 | 六壬秘斷 | 心一堂編 | |
| 103 | 大六壬類闡 | 心一堂編 | |
| 104 | 六壬秘笈——韋千里占卜講義 | 【民國】韋千里 | 六壬入門必備 |
| 105 | 壬學述古 | 【民國】曹仁麟 | 依法占之，「無不神驗」 |
| 106 | 奇門揭要 | 心一堂編 | 集「法奇門」、「術奇門」精要 |
| 107 | 奇門行軍要略 | 【清】劉文瀾 | 條理清晰、簡明易用 |
| 108 | 奇門大宗直旨 | 劉毗 | 天下孤本　首次公開<br>虛白廬藏本《秘藏遁甲天機》<br>奇門不傳之秘　應驗如神 |
| 109 | 奇門三奇干支神應 | 馮繼明 | |
| 110 | 奇門仙機 | 題【漢】張子房 | |
| 111 | 奇門心法秘纂 | 題【漢】韓信（淮陰侯） | |
| 112 | 奇門廬中闡秘 | 題【三國】諸葛武候註 | |
| **選擇類** | | | |
| 113－114 | 儀度六壬選日要訣 | 【清】張九儀 | 清初三合風水名家張九儀擇日秘傳 |
| 115 | 天元選擇辨正 | 【清】一園主人 | 釋蔣大鴻天元選擇法 |
| **其他類** | | | |
| 116 | 述卜筮星相學 | 【民國】袁樹珊 | 民初二大命理家南袁北韋<br>南袁之術數經典 |
| 117－120 | 中國歷代卜人傳 | 【民國】袁樹珊 | |